Innhold

Innhold 1
Forord 4
   Disclaimer 5
Intro til uavhengighet 6
   Enkel matematikk 7
   Finn ditt uavhengighets("FIRE")-tall 9
   Alternativt FIRE-tall 10
   Hvordan oppnå uavhengighet 10
Inntekt 11
   Prøv ut hva du vil jobbe med 11
   Ta risiko hvis du kan 12
   Du trenger ikke formell utdannelse 14
   Jobbsøking: Tenk utenfor boksen 16
Forbruk 19
   Mini-retirements > ferie 20
   Forsikring 22
   Mat 23
   Transport 24
   Bolig 25
Investering 27
   Trendfølging 28
   Spare skatt 32
   Pensjonskontoer 35
   Hva er egentlig en god investering? 37
   Lag en skriftlig investeringsplan! 38
Alternative levemåter 41

1

Bo i båt 41
Bo i bil 42
Geoarbitrasje 44
Sport og trening 46
Diskgolf/frisbeegolf 46
Parkour 47
Kampsport 48
Klatring 48
Utholdenhet 49
Miks av aktiviteter 49
Selvforsvar 50
Prosjekter 51
Skriv en bok 51
Hold kurs 52
Arranger aktiviteter 52
Korttidsutleie 53
Gjør småjobber 54
Driv en nettbutikk 54
Presalg: Selg før du bygger 55
Jobb når du vil 57
Bli en FI-gründer? 59
Eksempel: SaaS for tannleger – Et digitalt system for praksisstyring 60
Varianter av FIRE 64
Lean FIRE 64
Fat FIRE 65
Barista FIRE 65
Coast FIRE 66
Slow FIRE 66
Halvpensjon 66

2

Samfunnet og Etikk **68**
"Hva hvis alle gjør det?" 68
"Hva jobber du med?" 68
Er økonomisk uavhengighet etisk? 69

Forord

Min reise mot økonomisk uavhengighet begynte da jeg var i midten av 20-årene. Som programmerer var jeg godt kjent med lange dager foran dataskjermen, komplekse kodebaser og et stadig stress om å holde tritt med nye måter å gjøre samme tingen på. Jeg begynte å drømme om et annet type liv – et liv hvor jeg kunne bruke mer tid på det som virkelig betydde noe for meg, som å reise og å være ute i naturen og forfølge mine egne prosjekter (som denne boka) uten økonomiske bekymringer.

Etter flere år med sparing nådde jeg målet mitt da jeg var i midten av 30-årene. Det å bli økonomisk uavhengig ga meg friheten til å leve livet på mine egne premisser, og det er denne friheten jeg ønsker å dele med deg gjennom denne boken.

FIRE-bevegelsen har blitt godt kjent i USA, og etterhvert også fått en viss oppmerksomhet her hjemme, men mange av rådene og strategiene som finnes i eksisterende litteratur er tilpasset amerikanske forhold. Denne boken er derfor skrevet spesielt for deg som bor i Norge, og tar hensyn til våre unike økonomiske og sosiale forhold.

Norge har høye levekostnader, et progressivt skattesystem, og et omfattende velferdssystem. Dette gir både utfordringer og muligheter for de som ønsker å oppnå økonomisk uavhengighet. Målet med denne boken er å gi deg verktøyene og kunnskapen du trenger for å navigere denne veien på en måte som er tilpasset norske forhold.

Vi vil utforske hvordan du kan planlegge og spare for å oppnå økonomisk uavhengighet. Vi vil dykke ned i hvordan det norske skattesystemet fungerer, hvordan du kan utnytte investeringsmuligheter som aksjesparekonto og indeksfond, og hvordan det norske pensjonssystemet kan kombineres med dine FIRE-mål. Vi vil også diskutere praktiske tips for budsjettering, kostnadsreduksjon og økning av inntekt, alt med et norsk perspektiv.

Jeg blir stadig overrasket over hvor mye penger folk klarer å bruke – selv i FIRE-miljøet. Her får du se hvordan du kan få mer livskvalitet for mindre penger – og du vil nok få deg en real overraskelse over hvor lite penger du faktisk trenger for å pensjonere deg. Denne boka er skrevet for alle som ønsker å ta kontroll over sin økonomiske fremtid og leve et liv i fred og frihet.

Man trenger ikke være like "ekstrem" (jeg mener ikke jeg er ekstrem) som meg: Det finnes flere varianter av FIRE: Lean FIRE, Fat FIRE, Barista FIRE, Slow FIRE. Selv har jeg gått for "Lean FIRE", men jeg tar også for meg de andre formene for FIRE - og setter dem i norsk kontekst. Mange av de mindre "ekstreme" FIRE-variantene egner seg svært bra under norske forhold.

Disclaimer

Innholdet i denne boken er kun ment for informasjonsformål og reflekterer forfatterens personlige erfaringer og meninger. Dette er ikke ment som investeringsråd eller en anbefaling om å kjøpe eller selge noen spesifikke finansielle produkter. Leserne bør konsultere en profesjonell finansiell rådgiver før de tar investeringsbeslutninger eller implementerer strategier beskrevet i denne boken. Forfatteren og utgiveren tar ikke ansvar for eventuelle økonomiske tap eller konsekvenser som følge av handlinger basert på informasjonen som presenteres her. Hver enkelt leser er ansvarlig for sine egne investeringsbeslutninger. Boka er skrevet i 2024. Skattesatser, regler og annet kan ha endret seg siden da.

Intro til uavhengighet

Når man sitter fast i en drittjobb, kan tanken på pensjon virke fristende – som en vei ut av det daglige slitet. Men pensjon, i betydning å ikke jobbe, bør egentlig være en siste utvei, en sikkerhetsventil for når man ikke lenger kan jobbe. Det bør ikke være et mål i seg selv å pensjonere seg tidlig, men snarere å oppnå friheten til å gjøre det man virkelig ønsker, når man vil, og hvor man vil. Dette innebærer ofte arbeid, men arbeid som ikke nødvendigvis er motivert av økonomisk gevinst.

Ta for eksempel det å skrive en bok, slik jeg gjør nå. Det er en aktivitet som kan gi mening og verdi til andre, og som kanskje gir inntekter, men det er ikke hovedpoenget. Om boken ikke skulle gi noe særlig inntekt, går det helt greit – jeg er allerede finansielt uavhengig. Selv om FIRE står for Financial Independence, **Retire Early**, vil jeg her legge vekt på det første ordet: uavhengighet. Det handler om å frigjøre seg fra økonomiske begrensninger, slik at du kan forfølge det som virkelig betyr noe for deg. Jeg tror grunnen til at Retire Early ble inkludert i FIRE-akronymet er todelt: For det første høres det mer fancy ut, og for det andre appellerer det til de som sitter fast i en drittjobb og ønsker å fise sjefen sin i trynet.

Det de fleste egentlig ønsker seg, er friheten til å velge hvordan de bruker tiden sin. Friheten til å si nei til oppgaver som ikke gir mening, til å forlate et giftig arbeidsmiljø, eller til å bruke mer tid på familie, venner og personlige prosjekter. Økonomisk uavhengighet gir deg denne friheten. Det handler ikke om å slutte å jobbe, men om å jobbe på egne premisser – å ha muligheten til å dedikere livet til det som gir deg glede og tilfredsstillelse, uten å være avhengig av et lønnsslipp for å klare deg.

For mange kan dette bety å forfølge lidenskaper som lenge har vært lagt på is på grunn av økonomiske forpliktelser. Det kan bety å starte en bedrift, utvikle en hobby til noe mer, eller bidra til samfunnet på en måte som føles meningsfylt. Det er denne friheten som er kjernen i FIRE. Når du har oppnådd økonomisk uavhengighet, handler livet ikke lenger om å måtte jobbe – det handler om å kunne velge å jobbe på dine egne vilkår.

Enkel matematikk

Mr. Money Mustache sitt legendariske blogginnlegg The Shockingly Simple Math Behind Early Retirement forklarer hvor lang tid det tar å spare til du blir pensjonist basert på hvilken sparerate du har. Spareraten er hvor stor andel av inntekten du sparer. Sparer du 50% av inntekten må du jobbe 17 år for å bli fri. Sparer du 75% må du jobbe 7 år. Mr. Money Mustache bruker den såkalte 4%-regelen, som betyr at du hvert år kan ta ut 4% av det du opprinnelig har investert. For hver million du har investert, kan du ta ut 40.000 kroner i året, inflasjonsjustert. Mange mener at 4%-regelen er litt for risky, og at man heller bør bruke 3,5% eller 3%. Det mente jeg også før, men har endret mening etter å ha lest blant annet bloggposten til MadFientist, som blant annet tar opp nødvendig og ikke-nødvendig forbruk. Jeg tenker at man kan bruke *minst* 4% som en sikker uttaksrate.

Det er noen forbehold som må tas: Skatt må tas med i beregning av forbruket under uttak. Du vil sannsynligvis måtte betale formuesskatt og/eller eiendomsskatt.

Avhengig av hvor høyt forbruket er, vil du kanskje også måtte betale noe skatt på aksjegevinster, men dette avhenger av hvor høyt forbruket er. Det er mulig å ta ut 51 308 kroner i årlig gevinst på aksjer uten å betale skatt. Vi tar utgangspunkt i personfradraget, som i 2024 er på kr 88 250, og deler på oppjusteringsfaktoren for aksjegevinster (1,72), og får da kr 88 250 / 1,72 = kr 51 308.

Hvis du pensjonerer deg når du er 32, og tar ut gevinsten over 30 år til du er 62, vil du dermed kunne ta ut 1,53 millioner i skattefri gevinst totalt. Dette forutsetter at du ikke får annen inntekt, som er ganske usannsynlig, men det vi ser på i beregning av sikker uttaksrate, er hvorvidt du *trenger* å jobbe.

Du kan selvsagt også ta ut *innskuddet* (kostprisen) skattefritt. Du får også et skjermingsfradrag hvert år som legges til innskuddet, men dette kan reelt sett være negativt: Noen år har skjermingsfradraget vært lavere enn inflasjonen.

Men grovt regnet blir skattefritt uttak over 30 år uten annen inntekt:

Innskudd + skjermingsrente (forklart nedenfor) + ca 1,5 mill.

Skjermingsrenten gir et lite fradrag ved beregning av gevinst på aksjegevinster. Den fastsettes av staten i januar hvert år, og skal tilsvare risikofri rente. Hvis skjermingsrenten er 4%, og du har satt inn 100k i fond, kan du ta ut 104k året etter uten å betale skatt.

På denne måten beskytter skjermingsrenten deg mot å betale skatt på det som regnes som en risikofri avkastning. Skatten betaler du først på det som overstiger dette beløpet, altså den delen av avkastningen som reflekterer risikoen du har tatt ved å investere.

Men skatt avhenger selvsagt av hvilke politikere som blir valgt, og hva de finner på å gjøre. Skatteregler og -satser endres fra år til år. Noen politikere er svært uansvarlige, og innfører "lakseskatt" på 40% som julenissen på kjerringa. Dette skremmer selvsagt investorer fra å investere i Norge, men det bryr ikke klovner seg om. De skal ha skattepengene sine, og tro meg: De har det som kreves for å kreve det du har. Det politiske klimaet i Norge har blitt verre med den siste regjeringen, og det er vanskelig å tenke seg hvilke utrolige forslag fremtidige regjeringer kan komme med. Staten vokser seg større og større. Blir tjenestene staten leverer tilsvarende forbedret?

Finn ditt uavhengighets("FIRE")-tall

Uavhengighetstallet ditt finner du ved å multiplisere de månedlige utgifter, inkludert skatt, med 300. Noen forbehold å ta med i beregningen:

- Ikke alle utgifter forfaller hver måned, og uforutsette utgifter må tas med i beregningen. Eksempler er vedlikeholdskostnader på bolig, reparasjon av bil eller båt, tannlegeregning etc.
- Du kan flytte til et land med lavere utgifter og lavere skatt.
- Du trenger ikke velge de dyreste flybillettene, men kan reise når du vil.
- Du kan redusere reisekostnader betydelig ved å oppholde deg på samme plass i flere måneder, og samtidig leie ut huset ditt i Norge. Du slipper å spare til "ferie", men kan heller utforske verden gjennom "mini-retirements".
- Du blir eldre, og vil forvente å trenge noe høyere utgifter til helse, spesielt hvis du flytter til et land uten omfattende velferdsstat.
- Om du får samboer (eller går i en ekte felle og blir gift) vil det som regel redusere utgifter, mens å bli singel øker utgifter.
- Barn øker utgifter
- Du kan bli bedre til å bruke penger (i betydning "utnytte pengene bedre", ikke bruke mer penger).

Alternativt FIRE-tall

Med tanke på at du kan få en solid pensjon fra fylte 62 år, går det også an å bruke en alternativ regnemåte på ditt FIRE-tall: Årlig forbruk inkludert antatt skatt under uttak, multiplisert med antall år til du fyller 62. Altså: Du bare fordeler pengene utover årene du trenger å leve av dem. For å være sikker, må porteføljen holde seg i verdi. En mulighet er å sette pengene på en sparekonto, men når renta er lavere enn inflasjonen (negativ realrente), vil du tape penger på å ha dem på sparekonto. I flere år nå har man tapet penger på å sette dem i banken. Du *må* ta risiko, selv når du ønsker null risiko. Jeg anbefaler ikke folk å ha masse penger på sparekonto, men denne beregningen med antall år igjen til pensjonsutbetaling kan være en måte å vise til folk utenfor FIRE-miljøet at dine beregninger ikke er spinnville. Det er nemlig denne måten Ola & Kari tenker på: Hvis du har spart 3 mill, og har 15 år til du pensjonerer deg, kan du bruke 3 mill / 15 = 200.000 kroner i året.

Hvordan oppnå uavhengighet

For å bli økonomisk uavhengig bør du tjene mer penger enn du bruker. Du bør også investere overskuddet. Det disse tre komponentene som avgjør hvor fort du blir økonomisk uavhengig:

- Inntekt
- Forbruk
- Investering av overskuddet (inntekt minus forbruk)

Formue = (Inntekt - Forbruk) * Avkastning_av_investering

Vi skal nå se på disse 3 punktene hver for seg.

Inntekt

For å oppnå økonomisk uavhengighet bør inntekten være relativt høy, men ikke la deg blende av det. For mange blir veien mot uavhengighet et kappløp hvor man ofrer både humør og psykisk helse for å tjene mest mulig penger i en jobb man misliker. Ikke gå i denne fellen. Det viktigste er å ha en jobb du liker.

De fleste som oppnår økonomisk uavhengighet, ønsker å fortsette å jobbe i en eller annen form, selv etter at de har nådd målet. Så hvorfor ikke finne en jobb eller aktivitet du liker allerede i dag? Hvis du elsker å lage mat, kan du kanskje vurdere å jobbe på et lite bakeri eller starte din egen matblogg. Er du glad i dyr, hvorfor ikke finne en jobb som lar deg tilbringe mer tid med dem? Å finne glede i hverdagen er like viktig som å bygge en formue. På denne måten blir ikke veien til FIRE et slit, men en tilfredsstillende reise hvor du allerede lever livet du ønsker, mens du samtidig bygger mot økonomisk frihet.

Prøv ut hva du vil jobbe med

Det kan være utfordrende å vite hvordan en jobb virkelig er før du faktisk er i jobben, og mange opplever at jobben er helt annerledes enn det studiene forberedte dem på. Noen yrker gir en illusjon av å være spennende og givende i studietiden, men viser seg å være noe helt annet i praksis.

Hvis jeg hadde visst hvordan det faktisk er å jobbe som programmerer, ville jeg aldri ha satset på en karriere innenfor det. Gjennom hele studiet var fokuset på morsomme prosjekter, enten alene eller i samarbeid med medstudenter. Vi hadde frihet til å velge hvem vi ville jobbe med og hva vi ville jobbe med: Er du pokerinteressert? Lag en sannsynlighetsberegner for poker. Har du lidenskap for kampsport? Lag en nettside om det. Felles for alle disse prosjektene var at de aldri skulle brukes av andre enn et par sensorer. Det var ingen krav om å forholde seg til tusenvis av brukere som gjør alle mulige rare ting (inkludert hacking), eller til å bygge videre på en massiv, ustrukturert kodebase som ble skrevet i all hast for fem år siden. Programmering er gøy å studere, men kan være frustrerende å jobbe med i virkeligheten.

Jus, derimot, er ofte tørt og krevende å studere, men kan vise seg å være spennende og dynamisk å jobbe med.

For å finne et yrke som du faktisk vil trives med, er det viktig å samle mest mulig informasjon om jobben før du begynner på studiene. Snakk med folk som allerede jobber i yrket. Spør dem om både det positive og negative ved jobben. Du kan også prøve å jobbe i en lignende stilling som ikke krever fem års utdanning: Vurderer du for eksempel å bli psykolog, kan du prøve å jobbe som coach eller rådgiver først, eller kanskje som "healer" (hvis du har samvittighet til det). Da får du en real smakebit uten å kaste bort 10 år på noe du ikke liker å jobbe med.

Ta risiko hvis du kan

I en del yrker er det fullt mulig å få høyere *forventet* inntekt av å ta mer risiko. Det vil som regel gi høyere inntekt å frilanse enn å være fast ansatt forutsatt at man gjør en god jobb. Man får som regel betalt for å ta risiko. Et eksempel er selvstendige konsulenter. Erfarne IT-konsulenter vil gjerne koste 1500 kroner per time å leie inn, som gir en omsetning på ca 2,4 millioner i året. Konsulenten som er ansatt vil sitte igjen med en lønn på en drøy million. En del går til skatt og administrasjon (leie av flotte kontorer, regnskapsføring, selgere, markedsføring etc), men også til overskudd til selskapet. Ved å drive selvstendig kan du sitte igjen med en mye større del av egen verdiskapning. Av de 2,4 millionene i omsetning kan du ta ut en passe lønn som gir opptjening av sosiale rettigheter og pensjon. Så kan du la resten gå til overskudd i selskapet. Overskuddet kan investeres i aksjer eller aksjefond som omfattes av fritaksmetoden. Da slipper du å betale skatt på gevinsten på aksjer så lenge det står i selskapet. Av utbytte betaler du en ørliten skatt på 0,66% (3% av utbyttet inntektsføres). Istedenfor å betale 14,1% arbeidsgiveravgift og opp til 47,4% inntektsskatt, kan du altså betale kun 22% selskapsskatt av overskuddet, og deretter investere pengene.

Hvis du betaler høyeste arbeidsgiveravgift (14,1%) og høyeste marginalskatt (47,4%), vil det kun være igjen 46,10 kroner av en hundrelapp. Dersom du kun betaler selskapsskatt, vil 78 kroner være igjen til investeringer. Du sitter igjen med 69% mer til investeringer. Riktignok må skatten betales til slutt, når pengene tas ut, som utbytte eller gevinst, men du får inntil 69% mer penger til å jobbe for deg i mellomtiden.

Noen yrker der du kan drive for deg selv:

- Håndverker
- Advokat
- Konsulent
- Trener
- Lege
- Psykolog
- Fysioterapaut

I utgangspunktet kan det fungere å ha ett enkelt aksjeselskap for både drift og investeringer, men etterhvert som investeringsporteføljen blir større, vil det innebære en del risiko avhengig av hvilken type frilansjobb du gjør. Hvis du for eksempel jobber som konsulent, og er uheldig og sletter en databasetabell i feil database, kan det komme til å svi økonomisk, i hvert fall hvis det ikke dekkes av en forsikring. Derfor kan det være smart å skille investeringene ut i et eget investeringsselskap, også kalt holdingselskap. I mange tilfeller bør man tenke på en holdingstruktur før man starter et driftsselskap. For eksempel hvis du skal drive et selskap sammen med andre, vil det være en stor fordel å ha opprettet et holdingselskap først. Hvis du derimot kun skal drive for deg selv, er det helt greit å først starte et driftsselskap og se hvordan det går. Hvis det går bra kan du opprette et nytt driftsselskap som datterselskap av det første, og så gjøre om det første selskapet om til et holdingselskap.

Du trenger ikke formell utdannelse

Det finnes yrker som krever at du sitter på universitetet i mange for å få lov til å praktisere. Skal du for eksempel bli lege, har du ikke noe annet valg enn å sitte og gnu på universitetet i seks år. Samme om du vil bli psykolog. Men, hvis du derimot ønsker å jobbe som designer, programmerer, markedsfører eller nesten hvilken som helst annen jobb, kan du lære deg ting vel så bra på egen hånd:

Vi lever i en tid hvor informasjon er mer tilgjengelig enn noen gang før. Internett flommer over av gratis og rimelige ressurser for å lære nesten hva som helst – fra programmering til økonomi, fra design til entreprenørskap. Nettkurs, videoer, podcaster, bøker, og artikler kan gi deg like mye – om ikke mer – kunnskap enn det som tilbys på et universitet. Forskjellen er at du kan lære i ditt eget tempo, fokusere på det som virkelig interesserer deg, og unngå irrelevant pensum. For irrelevant pensum er det mye av på universiteter og høyskoler. For eksempel lærer IT-studenter matte 1, matte 2 og matte 3 selv om de fleste programmeringsjobber bare krever ungdomsskolematte (med unntak av modulus, men det tar under en time å lære).

Det tar tid før ny teknologi når universitetene og opplæringsmaterialet oppdateres. På et universitet er du prisgitt den enkelte læreren, mens du på internettet kan gå til en hvilken som helst lærer, og se spesialiserte videoer for akkurat det du ønsker å lære. Lær ved å produsere noe. Ønsker du å lære markedsføring, prøv for eksempel å selge et produkt på nettet, og markedsfør det på sosiale medier. Du lærer da tingene du trenger for jobben. For eksempel kan det være du trenger å lære Canva for å lage Tik Tok-videoer. Da kan du finne et nettkurs eller rett og slett "go with the flow".

En ting som ofte trekkes frem med formell utdannelse, er nettverket du bygger. Nettverk kan man bygge vel så bra ved å gå på meetups. Der treffer du ofte folk som allerede er i jobb, som har mer peiling enn andre studenter, og du får gode tips til plasser du kan søke jobb. Kanskje du til og med får et jobbtilbud. Gå på meetups mens du lærer på egen hånd. Meetups er som regel helt gratis, søk på meetup.com for meetups nær deg. En annen mulighet, spesielt hvis du bor langt fra større byer, er å delta i sosiale medier, som Discord, Twitch etc. Der kan du få tips av og bli kjent med folk som jobber innenfor fagfeltet du utdanner deg til.

Så er spørsmålet: Får du jobb når du ikke har formell utdannelse? Det er selvsagt enkelte sidrumpa arbeidsgivere der ute som krever at folk har gått på universitet i X antall år, men heldigvis trenger du bare å finne én arbeidsgiver (eller frilanskunde) som godtar deg for den reelle kompetansen du har. Det du derimot er avhengig av, er å bevise kompetanse. Det kan du i mange tilfeller gjøre ved å vise en portefølje. Har du lært markedsføring, viser du markedsføringen du har gjort

15

på Tik Tok og Instagram. Har du lært å kode, viser du frem koden på Github og websiden eller appen du har utviklet.

Helt til slutt vil jeg si at det ikke nødvendigvis er galt å ta formell utdannelse, selv til yrker der det ikke kreves. Det er krevende å lære på egen hånd. Det krever at du pusher deg selv til å lære. Det krever en viss selvdisiplin, med mindre du er så interessert i temaet at du av eget ønske sitter ned og lærer hver bidige dag. Ved formell utdannelse vil du til en viss grad bli pushet til å fullføre, gjennom obligatoriske innleveringer og andre ting man må gjennom for å kunne gå opp til eksamen. Det kan også være en motiverende faktor at det er 50 andre studenter i samme situasjon. En del av denne motivasjonen går det an å oppnå på nettet ved å joine kohorter som sammen lærer seg ting, men det føles kanskje ikke like forpliktende som på et universitet.

Et annet argument for formell utdannelse er at en hel del sidrumpa arbeidsgivere stiller et absolutt krav om formell utdannelse, eventuelt "formell utdannelse, men lang erfaring kan kompensere". Det betyr at du kvalifiserer en del flere jobber ved å ta formell utdannelse.

Jobbsøking: Tenk utenfor boksen

Det kan ofte være greit å starte med en vanlig jobb før man begynner med frilansing. I noen yrker er det heller ikke andre muligheter enn å jobbe for andre. Mange av tipsene her gjelder også hvis du skal skaffe kunder som frilanser.

Når du søker jobb, er det viktig å ikke begrense deg til de tradisjonelle kanalene som Finn.no eller NAV. Selv om disse sidene har mange jobbmuligheter, er det også der du møter størst konkurranse. Tusenvis av andre jobbsøkere ser de samme annonsene, og arbeidsgivere blir ofte oversvømt av søknader. For å øke sjansene dine, bør du tenke kreativt og utforske alternative metoder for å finne en jobb som passer for deg.

En smart tilnærming er å bruke Proff.no, en database som gir deg detaljert informasjon om selskaper i Norge. Ved å gjøre et bransjesøk, kan du finne selskaper som opererer innenfor ditt fagområde, men som kanskje ikke aktivt annonserer etter nye ansatte. Dette gir deg en unik mulighet til å komme i kontakt med arbeidsgivere før de offentliggjør en stilling.

Når du har identifisert interessante selskaper, besøk nettsidene deres for å se om de har ledige stillinger eller muligheter for internships og praksisplasser. Selv om de ikke har utlyst noen stillinger, kan det være verdt å sende en åpen søknad. Mange selskaper er på utkikk etter talenter, men annonserer ikke nødvendigvis etter dem. Ved å være proaktiv, kan du posisjonere deg som en kandidat de kanskje ikke visste at de trengte.

Førsteinntrykket du gir en potensiell arbeidsgiver er oftest gjennom søknad og CV. Derfor er det avgjørende å skille seg ut – men på en profesjonell måte. Unngå å bruke den tradisjonelle hvite bakgrunnen på CV-en, da dette kan virke kjedelig og uinspirert. Samtidig bør du være forsiktig med å bruke for mørke eller distraherende farger. En lys, nøytral bakgrunn med subtile fargeelementer kan gjøre CV-en mer visuelt tiltalende uten å gå på bekostning av lesbarhet.

I tillegg til fargevalg, sørg for at CV-en din er godt organisert og lett å lese. Bruk tydelige overskrifter, punktlister, og en konsistent skrifttype. Et profesjonelt bilde og en kort, men engasjerende oppsummering av dine ferdigheter og erfaringer kan også bidra til å fange oppmerksomheten til en rekrutterer.

Gå på flest mulig eventer, join meetups, (gratis) konferanser, join Discord-servere, og ta kontakt med folk på Linkedin. Nettverk er svært viktig for å øke sjansene i arbeidslivet.

Forbruk

Som sagt er det hvor stor *andel* av inntekten du bruker som avgjør hvor tidlig du blir økonomisk uavhengig. Så hvis du ikke er veldig god i arbeidslivet, eller bare ikke ønsker å jobbe så hardt, kan du likevel oppnå økonomisk uavhengighet tidlig ved å redusere forbruket. Mange tror redusert forbruk betyr redusert livsglede, bruker man 5000 kroner i måneden istedenfor 20.000 må man ha et fire ganger dårligere liv enn hvis man bruker 20.000. Dette er helt feil.

- En som er god til å bruke penger, det vil si en som utnytter pengene effektivt, kan få mange ganger mer verdi av hver krone enn en som er dårlig til å bruke penger.
- Den marginale nytten av penger er avtakende. En person som har et gitt nivå av pengebruk-ferdighet, vil likevel ikke få dobbelt så mye verdi for å bruke dobbelt så mye. Du får mest igjen for de første kronene du bruker. Business-class koster kanskje dobbelt så mye som økonomiklasse på flyet, men det viktigste er at du kommer deg fra A til B, til riktig tid. Verdien er ikke dobbelt så høy (...for de fleste. Verdi er subjektivt).

Det er viktig å ikke bli for gjerrig i veien mot økonomisk uavhengighet. Selv har jeg gått i fellen med å være en gjerrigknark som ikke kjøper ny PC eller mobiltelefon når den gamle har blitt treg. Ikke gå i den fellen. Dersom du, som meg, bruker mange timer foran PCen hver dag, er det verdt å kjøpe en ny PC når den blir skral. Dersom du bruker PCen til å jobbe eller lære deg ting, kan det også ses på som en investering for høyere fremtidig inntekt.

Mini-retirements > ferie

Timothy Ferriss populariserte "mini-retirements" i den bestselgende boka "The 4-Hour Work-Week". Istedenfor å reise på en dyr all-inclusive ferie, kan du istedenfor reise til et annet land og være der i flere måneder. Du kan lære språk og delta på (lokale) aktiviteter. Reiser du til Brasil, kan du for eksempel lære portugisisk og brasiliansk jiu-jitsu. Reiser du til Japan, kan du lære japansk og judo. Reiser du til Argentina, kan du lære spansk og tango.

Å få til et mini-retirement kan være vanskelig når sjefen tvinger deg til å sitte og gnu på kontoret, men det kan være mulig å forhandle permisjon eller spare opp ferie. Ikke alle sjefer vil godta det, men er du heldig kan du få tre måneder fri på rad uten å bruke annet enn ferie. Dersom ferie legges over to år, kan du ta 5 uker ferie fra hvert år. Som regel kan man også overføre et par uker ferie fra ett år til det neste. Noen steder kan man attpåtil spare opp avspaseringstid. Ved å legge ferien i de mørkeste og verste månedene, desember og januar, kan du få et mini-retirement annethvert år.

Mens Ola & Kari reiser til Mallorca på all-inclusive i juli, mens det er perfekt vær i Norge, kan du heller reise på mini-retirement til Brasil når folk fryser raua av seg hjemme i Norge. Flybillettene er langt billigere når man reiser utenfor høysesongen, og kan være fleksibel i avreisedato. Søk etter billige billitter på kiwi.com. Du får langt mer igjen for pengene når du reiser på en lang reise istedenfor en vanlig ferie.

Før brukte jeg å finne en plass å bo på bakkeplan. Jeg bodde på hostel de første dagene, mens jeg gikk på visning på leiligheter å leie. Dette kan være en grei taktikk mange steder, men det innebærer ofte en del problemer:

- Lese og forstå kontrakter på lokalt språk, kontrakter som ikke engang lokale forstår.
- Risiko for å ikke få tilbake depositum.
- Må ofte betales kontant.
- Du har ingen referanser fra tidligere besøkende.

Airbnb løser disse problemene. Prisen er noe høyere, men som regel vil det være verdt å betale litt ekstra for å slippe det nevnte stresset. Mange utleiere gir en solid månedlig rabatt for opphold på minst 28 dager.

Samtidig som du drar på mini-retirement i utlandet, kan du leie ut leiligheten i Norge på Airbnb, ihvertfall hvis du har en selveierleilighet eller enebolig. Andelsleiligheter kan bare leies ut 30 dager i året på Airbnb, men leier du ut i desember og januar annethvert år, går det bra. Selveierleligheter kan, som standard, leies ut inntil 90 dager i året, men sameier kan endre taket ned til 60 dager eller opp til 120 dager. Ved å leie ut egen bolig mens du drar på et mini-retirement, vil du kunne tjene penger på å reise fremfor å betale en skyhøy regning, som de fleste vanlige ferieturister gjør.

Hvis du leier bolig i Norge, kan det være lurt å vurdere å si opp leieavtalen før du reiser. Når du kommer tilbake, kan du da finne en ny plass å bo. Dette kan fungere fint hvis du har familie eller venner du kan bo hos i noen dager mens du leter etter en ny leilighet. Alternativt kan du booke rom på et hostel for en uke når du kommer tilbake og bruke den tiden til å aktivt søke etter bolig. Hvis du har et godt forhold til din tidligere utleier, kan det til og med hende at du får tilbud om å slippe leie mens du er borte, og at du kan flytte tilbake til samme leilighet når du er tilbake.

Forsikring

Mange forsikrer seg for hver minste ting. De kjøper reiseforsikring når de reiser på ferie til Danmark, selv om helsevesenet der er helt gratis for nordmenn. Riktignok kan man få igjen noe på forsikringen, for eksempel tapt bagasje, avbestilling av hotell og andre småutgifter, men småting trenger man ikke forsikre seg mot, spesielt hvis man har spart opp litt penger.

Jeg var en gang for lenge siden i "gamlebanken" DNB. Dama i skranka prøvde å skremme meg med alle forsikringene jeg ikke hadde. "Har du innboforsikring?", "Har du reiseforsikring?". Nei, det har jeg ikke, og det ønsker jeg ikke heller. Innboet mitt er verdt 10-20.000, og det er ikke noe jeg ønsker å forsikre. Du må forvente å tape penger på forsikring. For hver hundrelapp som betales inn, får du cirka 70 prosent tilbake, såkalt "loss ratio". Resten av premien brukes til å dekke selskapets administrative kostnader, markedsføring, provisjoner, og overskudd.

Derfor bør de fleste ikke forsikre seg mot hver eneste lille ting. Større ting som du er veldig redd for å tape, kan det derimot være smart å forsikre, som for eksempel huset ditt.

Du bør kjøpe reiseforsikring når du reiser til land som har dårlig offentlig helsevesen, eller der offentlig helsevesen ikke er dekket for turister. Innenfor EU, EØS, UK og Sveits har man samme helserettigheter som lokalbefolkningen, gjennom Europeisk Helsetrygdkort. Sjekk ut hva som dekkes i det enkelte landet.

Det kan også være smart å forsikre kjæledyr, hvis du ikke vil stå i et vanskelig dilemma, om du vil betale 100k for en kreftoperasjon for katten. Men hvis du har spart opp noen millioner, er det kanskje greit å drite i denne forsikringen og heller betale cash. Det er også noe av fordelen ved å spare opp penger: Du kan tåle høyere variasjon i utgifter i hverdagen.

Det kan være lurt å ha ansvarsforsikring for båten, men det er viktig å være klar over hva den faktisk dekker. Denne forsikringen dekker typisk uhell som skyldes "uaktsomhet, men ikke grov uaktsomhet," samt juridiske kostnader. På sjøen er du kun ansvarlig for skader påført andre hvis du har opptrådt uaktsomt. Samtidig vil forsikringen som regel ikke dekke skader som skyldes "grov uaktsomhet."

Mat

Mat er ofte en stor utgiftspost, som kan reduseres kraftig ved å lære å lage god mat selv. Da slipper du å spise ute, som er ekstremt dyrt sammenlignet med å spise hjemme. Dersom du ikke har lagd mat før, kan det være smart å starte med grønnsakssuppe. Du kjøper en pakke med frosne grønnsaker, legger den i vann sammen med en buljongterning, og koker til det smaker godt. Om du liker den spicy, kan du ha i litt chili og hvitløk. Ta for deg en og en enkel rett: Fiskekaker, kylling, kjøttsaus med spaghetti, etc. Maten du lager selv er som regel mye sunnere enn det du får på restaurant.

Mange sliter med å kjøpe drittmat som potetgull, seigmenn, snus og øl når de er i butikken. Dette unngår du enkelt og greit ved å være passe mentalt oppegående når du går i butikken. Du kan for eksempel gå på butikken om morgenen eller formiddagen på en lørdag, når du er opplagt. Da er det lettere å unngå fristelsen ved å kjøpe drittmat. Du trenger kun å konsentrere deg om å unngå drittmat den tida du er i butikken, så gå dit så sjelden som mulig, gjerne bare én gang i uka.

Når ting er på tilbud, kjøper du mest mulig av den tingen, gitt at du får spist alt før det går ut på dato. Ting som ikke går ut på dato, kan hamstres til krampa tar deg. Vurder en harrytur til Sverige for å kjøpe store mengder mat, spesielt mat som holder seg lenge. Sliter du med gluten, kan det være mye å spare på å kjøpe glutenfrie knekkebrød og annet bakverk i Sverige, der prisene er subsidierte. Tollgrensa på meierivarer er 5000 kroner, så her kan du fylle bilen til randen.

En annen ting som kan hjelpe med å spare penger på mat, er rett og slett å spise mindre. Spis til du er 80% mett. Det finnes flere "blue zones" rundt om i verden, der folk lever betydelig lengre enn andre steder. Et av trekkene man ser her, er at folk ikke spiser seg stappmette, men stopper når de er passe mette. Du kan også vurdere å begynne med tidsbegrenset spising: Spis kun to ganger om dagen, for eksempel klokka 11 og 16. Da får du bedre kontroll på totalt matinntak. Det kan også være bra for helsa, men evidensen så langt er hovedsakelig fra dyrestudier.

Transport

Selv om bil kan være praktisk i noen sammenhenger, som for eksempel harryhandel, er det en hel del utgifter og stress knyttet til å eie bil. Hvis du bor i en storby, er det ofte enklere å bruke elsparkesykkel, sykkel eller kollektivtransport. Ved å sykle, løpe eller gå, slår du to fluer i en smekk: Du får både transport og mosjon samtidig.

En annen måte å redusere transportkostnader på er å samkjøre med kollegaer eller venner. Hvis flere deler bil på vei til jobb eller andre felles destinasjoner, kan dere dele på kostnadene for drivstoff og parkering. Dette er en god måte å spare penger på, samtidig som det er mer miljøvennlig.

For de som fortsatt trenger bil av og til, kan bildelingstjenester, som Getaround, være et godt alternativ. Dette gir deg tilgang til bil når du trenger det, uten de faste kostnadene knyttet til bilhold. Mange byer har også gode leie- og bildelingsordninger der du kan leie bil per time eller dag, noe som kan være ideelt for korte ærender eller helgeturer.

Bolig

"Bolig skal alltid opp", sier Ola & Kari. Men ser vi på de historiske boligprisene i verden, er det ingenting som tilsier at bolig skal gå opp i pris over tid. Trekker man fra vedlikehold og forsikringskostnader, er prisutviklingen heller negativ. Men folk tror at "bolig skal alltid opp" fordi de ikke har sett noe annet. De har sett at boligprisene de siste tiårene går til himmels, og glemmer at det har vært store fall i boligprisene før. En måte å måle prisen på boligmarkedet, er å sammenligne boligprisene med leie, "Pris-til-leie"-forholdet. På 2010-tallet var det omtrent en dobling i boligprisene, samtidig som leieprisene hadde nesten null reell (inflasjonsjustert) prisvekst. Det betyr at boligprisene ble omtrent dobbelt så dyre i denne perioden. Likevel fortsetter folk å tro at de må "komme seg inn på boligmarkedet" så fort som mulig.

Det finnes en del skatteinsentiver for å kjøpe bolig:

- Lavere formuesskatt
- Du kan trekke rentene på skatten.
- Skattefri utleie av inntil 50% av boligen
- Mer kontroll. Du slipper å måtte flytte en hvis utleier sier opp leieavtalen (for eksempel ved salg eller egen bruk)

Ulemper:

- Du har mindre fleksibilitet til for eksempel å flytte for å få en ny og bedre jobb
- Dårlig diversifisering. Boligkjøpere putter gjerne flere ganger netto formue i ett enkelt objekt.
- Stress med vedlikehold, byråkrati, skatter og avgifter.
- Du må gå på en haug med visninger og sette deg inn i tingene med liten skrift
- Alternativt et par runder i tingretten og lagmannsretten
- Skyhøye transaksjonskostnader (meglerhonorar, tinglysingsgebyr og eventuell dokumentavgift)

Valg av boligform handler om å finne en balanse mellom livskvalitet, økonomisk fornuft og fleksibilitet. Det er viktig å huske at en bolig først og fremst er et sted å bo, ikke bare en investering. Derfor bør du ta deg tid til å tenke nøye gjennom dine langsiktige mål og personlige preferanser før du bestemmer deg for om du skal kjøpe eller leie.

Investering

Investering kan gjøres svært enkelt, ved å kjøpe et globalt indeksfond, og lar det stå år etter år. Ved å investere i aksjefond slipper du å forholde deg til leietakere, ansatte, regnskapsføring og så videre. Du kan sitte på raua og se på at pengene (forhåpentligvis) vokser. Men det er viktig å skjønne hva du faktisk kjøper. Mange mener aksjer er "bare papir", men aksjer er helt reelle ting: Bygninger, fly, skip, opphavsrett til programvare, patenter osv. En aksje er en eierandel i et selskap. Når du eier andeler i et indeksfond, eier du litt av hvert av selskapene i indeksen, etter at selskaper som ikke møter forvalterens etiske krav er tatt ut. Du eier litt i Apple, litt i Microsoft, litt i Nestlé og så videre. Det de underliggende selskapene tjener, altså overskuddet, eier du en del av. Det betyr at du kan tjene penger selv om kursen (prisen til fondet) går ned. Du eier fortsatt andeler i de underliggende selskapene selv om "Mr. Market" blir mer depressivt. Forskjellen mellom verdi og pris, bør du være klar over før du begynner å investere i aksjer, selv om du bare har tenkt å kjøpe fond. Hvis du ikke vet hva du eier, vil det være vanskelig å holde roen når markedet går ned 20, 30 eller 50%.

For å lære deg grunnleggende investering, anbefaler jeg dette videobaserte kurset til Preston Pysh. Dette omhandler såkalt "value investing", som mange vil mene er den eneste reelle formen for investering. Som en fondsinvestor, bør det holde med lekson 1 - 10 i "Course 1".

På samme måte som man kan bruke P/E-ratioen på enkeltaksjer, kan man også se på P/E for et helt marked. Vi kan også utvide perioden for inntjeningen (E'en) til å omfatte hele markedssykler. Når man ser på hele markeder, har en syklisk justert P/E-ratio, kalt CAPE-ratio (Cyclically Adjusted

Price-to-Earnings ratio), bedre evne til å predikere hvordan markedet vil utvikle seg fremover. Når et marked har en høy CAPE-ratio, vil som regel avkastningen de neste 10 årene bli lav, mens når et marked har en lav CAPE-ratio, vil avkastningen de neste 10 årene som regel bli høy. Meb Faber skriver om dette i boka Global Value, som kan lastes ned gratis. Han har også et foredrag om temaet.

En strategi man kan vurdere, er å vekte mer opp i regionene som er priset lavest. For eksempel hvis USA er dyrt, mens Europa og Fremvoksende Markeder er billig, kan man kjøpe mer i de billige regionene, for eksempel gjennom fond som KLP Aksje Europa Indeks og KLP Aksje Fremvoksende Markeder Indeks. Da unngår man å eie dyre amerikanske aksjer, som har lavere forventet avkastning fremover (basert på CAPE-statistikken). Hvis du kjøper bare en del av markedet, har det likevel noen ulemper: De siste 10 årene har det amerikanske aksjemarkedet steget kraftig til tross for høy CAPE-ratio. Dersom du går bort fra global indeks, bør du også tåle å avvike fra markedet i avkastning.

Du finner oversikt over CAPE-ratio per marked flere steder, for eksempel hos The Idea Farm.

Trendfølging

Trendfølging er en investeringsstrategi som fokuserer på å kjøpe verdipapirer når de viser en stigende trend og selge dem når trenden snur. Ideen er enkel: Du følger trenden i markedet i stedet for å prøve å forutse hvor markedet skal gå. Dette står i kontrast til tradisjonell "kjøp og hold"-strategi, hvor man kjøper aksjer og holder dem uansett hva som skjer med markedet. Trendfølging brukes ikke primært for å slå markedet, men for å beskytte mot større nedturer.

Trendfølging kan gjøres enkelt: Kjøp når prisen er over et glidende gjennomsnitt (for eksempel 200-dagers glidende gjennomsnitt), og selg når prisen faller under dette nivået. 200 dagers glidende gjennomsnitt er gjennomsnittet av prisen de siste 200 handelsdagene. Du kan finne 200 dagers gjennomsnitt på et fond ved å lese grafene hos Nordnet. Når du går inn på et fond, trykker du på den kurvete linja på grafen, og velger "SMA Simple Moving Average". Sett så periode til 200, og pass på at "Dag" er markert oppe til høyre på grafen. Når prisen på fondet er over "SMA 200", trender fondet opp. Trendfølging gjør at man er investert i markedet når trenden er positiv, og går ut av markedet når trenden viser tegn til svakhet.

For eksempel, hvis du investerer i KLP Aksje Europa Indeks, kan du kjøpe fondet når prisen er over 200-dagers glidende gjennomsnitt. Hvis prisen faller under dette gjennomsnittet, vil du selge deg ut av fondet og eventuelt flytte midlene til kontanter eller en tryggere plassering, som for eksempel pengemarkedsfondet KLP Likviditet. Prisen sjekkes kun én gang i måneden.

Kan man "time" markedet?

Mange investorer vil argumentere for at det er vanskelig å time markedet, men trendfølging viser at dette er fullt mulig. Trend følging har vist seg å være en effektiv måte å minimere store tap på og samtidig dra nytte av lengre oppgangsperioder. En av hovedgrunnene til at trend following fungerer er at det tvinger investorer til å redusere eksponeringen mot markedet når risikoen for nedgang er høy. Dette skjer automatisk når prisen faller under det glidende gjennomsnittet, som ofte signaliserer en vedvarende nedgangstrend. Men trendfølging fungerer ikke alltid: Hvis et brått fall kommer som julenissen på kjerringa, slik det gjorde på "Black Monday" i 1987, vil man ikke få fanget det opp med en trendfølgingsstrategi som beskrevet over.

Eksempel på bruk av trend following i Norge

La oss si du har investert i forskjellige regionale indeksfond fra KLP:

- KLP Aksje Europa Indeks
- KLP Aksje USA Indeks
- KLP Aksje Asia Indeks
- KLP Aksje Fremvoksende Markeder Indeks

Den 15. i hver måned sjekker du prisen for hvert av fondene:

- Sjekk om prisen på fondet er over 200-dagers glidende gjennomsnitt.
- Hvis prisen er over gjennomsnittet, holder du investeringen.
- Hvis prisen faller under gjennomsnittet, selger du fondet og flytter midlene til KLP Likviditet

Merk at denne strategien har sine ulemper: Den fungerer dårlig på aksjesparekonto, siden du der ikke har mulighet til å kjøpe rentefond, som KLP Likviditet. Det betyr at du må holde rene kontanter på kontoen, som gir 0% nominell rente, og dermed en negativ realrente tilsvarende inflasjonen.

En annen ulempe med å drive trendfølging på slike "tradisjonelle" fond, som ikke er børshandlet, er at du får noe forsinkelse med å gå inn og ut av fondene. Det tar 2 - 4 dager (avhenger av hvilken bank du bruker) å selge og å kjøpe et fond.

Ved å bruke denne strategien på flere fond, kan du være eksponert mot ulike regioner samtidig som du reduserer risikoen for store tap i enkeltmarkeder. Hvis den europeiske økonomien for eksempel skulle vise svakhetstegn, og prisen på KLP Aksje Europa Indeks faller under sitt glidende gjennomsnitt, vil du automatisk trekke deg ut av denne regionen før et eventuelt større fall.

Mulige modifikasjoner til strategien:

- Legg til KLP Aksje Global Indeks og KLP AksjeNorden Indeks (selv om dette gir litt smør på flesk). Kanskje også KLP AksjeNorge Indeks, men da bør du vurdere å eie maks ett av Norden og Norge for diversifiseringens skyld
- Ha 3 eller 4 "spots" i porteføljen og fyll disse med fond som trender opp. Når et fond begynner å trende ned, bytter du det med ett som trender opp. Hvis flere enn ett trender opp, tar du det som er høyest over 200 dagers glidende gjennomsnitt. Jo færre spots, jo mer aggressiv blir porteføljen, med mindre risiko for at du vil holde kontanter.

Ulempene med trendfølging

Selv om trend following kan beskytte deg mot store tap, er det viktig å være klar over at strategien kan føre til at du går glipp av oppganger i markedet. Når markedet begynner å gå opp, vil det ta tid før det er over 200 dagers glidende gjennomsnitt. Derfor vil du som trendfølger måtte gå gjennom lange perioder med underprestasjon i forhold til markedet.

Trendfølging innebærer også flere transaksjoner, noe som kan føre til høyere kostnader over tid, spesielt hvis du velger å bruke strategien på børshandlede fond (ETF'er). Det er også noe mer jobb, hvis dette skal gjøres manuelt ved sjekk av trend hver måned, og hyppige fondshandler.

Les mer om tilnærmingen og finn flere eksempler i A Quantitative Approach to Tactical Asset Allocation, skrevet av selveste Meb Faber.

"Kjøp & Trend"

På samme måte som det kan være vanskelig å se porteføljen sin går ned i et markedscrash, kan det også være vanskelig å se markedet gå opp, mens man selv er ute av markedet, slik man til tider vil være med en trendfølingsstrategi. Derfor kan det være smart å kombinere de to strategiene, med for eksempel 50% i en trendfølgingsportefølje og 50% i en vanlig "Kjøp & Hold"-portefølje og 50% i en trendportefølje. Da får du en delvis beskyttelse mot større nedturer, som for eksempel markedscrashen i 2008. Samtidig vil du i noen perioder ha halve porteføljen i kontanter når markedet stiger.

Det jeg skriver her er ikke en oppfordring til å følge en spesifikk strategi, men generell informasjon om strategier. Den strategien som er riktig for Per, er ikke nødvendigvis riktig for Arnt.

Spare skatt

Det viktigste når du investerer er de kjedelige tingene, skatter og avgifter. Du betaler 37,84% skatt på gevinst, men får også 37,84% skattefradrag på tap. Du bestemmer selv når du vil realisere gevinsten eller tape. Når du er i minus, kan du realisere tap, og investere skattefradraget du får. Dermed får du mer penger som jobber for deg.

Et triks du kan gjøre på aksjesparekonto er å realisere tap når kontoen er i minus, mens du lar gevinsten stå når kontoen er i pluss. Vi skal ta for oss et scenario:

Du har 100k å investere. Du setter pengene på en aksjesparekonto (ASK) i januar 2022. La oss kalle kontoen ASK-1.

Vi har altså

ASK-1: 100k (0 gevinst, 0 tap)

Et år senere, i januar 2023, har aksjemarkedet gått opp 25%, slik at du nå har 125k på kontoen. Vi tar nå ut 100k av kontoen. På en ASK kan man ta ut hele innskuddet uten å betale skatt, så vi betaler 0 skatt på dette. Vi har da igjen 25k på kontoen. Dette er ren gevinst, og alt vil være skattbart når det tas ut (utenom en lav skjermingsrente, tilsvarende risikofri investering). De 100k vi har tatt ut setter vi på en ny aksjesparekonto, som vi kaller ASK-2. Og vi kaller den første, med 25k, for ASK-1.

I januar 2023 har vi altså

ASK-1: 25k (25k gevinst)

ASK-2: Ny konto 100k (0 gevinst, 0 tap)

Total markedsverdi på kontoene: 125k.

Et år senere, i januar 2024, har markedet gått ned 20%. Det betyr at markedet er tilbake på samme nivå som det var i januar 2022. Et marked som går opp 25%, er tilbake til samme utgangspunkt ved 20% nedgang. Hadde vi beholdt alt på den opprinnelige kontoen, ASK-1, ville den altså vært tilbake til 100k. Vi fordelte gevinsten over to kontoer, og disse ser nå slik ut:

ASK-1: 20k (20k gevinst)

ASK-2: 80k (20k tap)

Total markedsverdi på kontoene: 100k.

Markedsverdien er altså den samme om vi har to kontoer. Forskjellen er at vi har gevinst på en av kontoene og tap på den andre. Det gjør at vi kan realisere tapet, og få skattefradrag for tapet. Vi kan avslutte ASK-2 og dermed få fradrag for tapet der, på 20k. ASK-1 lar vi stå, for der har vi kun gevinst. Etter at kontoen er avsluttet, kan du åpne en ny aksjesparekonto, ASK-3, og investere på nytt der. Det er smart å vente en uke eller to før du åpner den nye kontoen, slik at du utsetter deg for markedsrisiko. Hvis ikke vil skattemyndighetene kunne be om gjennomskjæring, og mene at dette ikke var en reell tapsrealisering.

Ved å realisere tapet på 20k, får du et skattefradrag på 20k * 37,84% = ca 7,6k. Medregnet skatt vil markedsverdien av kontoene være 107,6k. Markedet har gått i null, men du er på en måte opp 7,6% likevel fordi du har brukt dette "skrapetrikset".

Du vil kanskje si: "Men jeg har jo fortsatt 20k i gevinst?". Ja, det er riktig. Du har spart opp 20k i gevinst på den ene kontoen. Disse vil du normalt måtte betale skatt av, men det finnes et unntak: Personfradraget. Dette er et fradrag som gis til alle hvert år, som et bunnfradrag på inntekt. I 2024 er dette på kr 88.250, men på grunn av oppjusteringsfaktoren på 1,72 for aksjegevinst, blir skattefri gevinst på kr 51.380. Hvis du ikke har annen inntekt, kan du altså ta ut kr 51.380 hvert år uten å betale skatt.

Et annet triks på aksjesparekonto er å sette forskjellige fond på forskjellige kontoer. Hvis du setter "KLP Aksje Fremvoksende Markeder" Indeks på en ASK og "KLP Aksje Europa Indeks" på en annen vil du kunne realisere tap når ett av markedene er ned. Hvis Europa er opp 10% og Fremvoksende markeder ned 10%, ville en felles konto med

50-50% fordeling mellom fondene stått i null. Har du en konto for hvert fond, vil kontoen med Europa kunne avsluttes, slik at du får skattefradrag. Du kan så åpne en ny konto og kjøpe igjen litt senere.

Slike tilpasninger skal man være litt forsiktige med. Det er nemlig slik at Skatteetaten kan kreve gjennomskjæring hvis man gjør ting bare for å spare skatt. Dette er en svært diffus regel. Hele grunnen til å bruke aksjesparekonto fremfor en tradisjonell VPS-konto er jo å spare skatt. Grunnen til at man sparer til bolig på BSU-konto, er for å spare skatt. Grunnen til at folk bor i huset sitt 1 av de siste 2 årene før de selger det, er for å spare skatt.

Pensjonskontoer

Når man jobber i privat sektor får man en "egen pensjonskonto", der 2 - 7% av lønna spares. Når du vurderer et jobbtilbud, bør den totale kompensasjonen vurderes: Lønn, pensjon, trening i arbeidstida, tid til faglig utvikling osv. Når du slutter å jobbe et sted, får du et pensjonskapitalbevis. Som standard vil slike pensjonskapitalbevis flyttes inn på en ny "egen pensjonskonto" når du starter i en ny jobb, men det er mulig å reservere seg mot en slik flytting. For oss FIRE-folk kan det være smart å ikke samle pensjonskapitalbevis på én konto, men heller ha flere kontoer. Dette er fordi du kan ta ut pengene tidligere dersom de står plassert på flere forskjellige kontoer. Du får da en real utbetaling allerede fra fylte 62 år, som kan gi deg en solid inntekt frem til du får pensjonsutbetaling fra staten. Gå inn på minpensjon.no for å sjekke hvilke pensjonsavtaler du har, og hvor stor oppsparing du har hos staten, men husk at politikerne kan endre pensjonsreglene når som helst, så beregningene må tas med en klype salt.

Det er en regel (som når som helst kan endres av politikere) som sier at du kan ta ut minst 20% av G (i 2024 er det kr 24.805) frem til en pensjonskonto er tom. Det betyr at hvis du for eksempel har 100.000 kroner på konto, kan det tas ut over cirka 4 år, fra 62 til 66. Hvis du senere ombestemmer deg, og heller vil ta ut pengene over en lang periode, er det bare å slå sammen kontoene når du nærmer deg 62.

En annen kontotype som har akkurat samme regelen, er IPS, individuell pensjonssparing. Dette er en spareform/kontotype der du sparer inntil 15.000 kroner i året. Du får skattefradrag for innsatt beløp det året pengene settes inn, men må betale skatt når pengene tas ut. Skattesatsen for alminnelig inntekt benyttes både ved innskudd og uttak. I 2024 er denne satsen 22%, men det kan selvsagt endre seg frem til du tar ut pensjonen. På samme måte som ved tjenestepensjon, kan det være smart å fordele IPS ut over flere kontoer, for eksempel spare ett år på en konto, neste år på en annen konto osv. Men pass på gebyrer hos leverandørene. Hvis noen tar en fast kontoavgift, uavhengig av beløp satt inn på kontoen, blir det mindre gunstig å ha mange kontoer. Nordnet og Kron er blant de billigste og beste leverandørene.

Ikke bare gir pensjonskontoer utsatt skatt, men du slipper også å betale formuesskatt på pengene. Så hvis du er i, eller tror du vil komme i formuesskatteposisjon, kan det være noe å tenke på.

Det at pengene er låst til pensjonsalder kan være både en fordel og en ulempe. At pengene er låst, betyr at du ikke trenger å være redd for å sløse pengene på piss, men du har heller ikke pengene tilgjengelig hvis du virkelig vil trenge dem, og de bør ikke tas med i beregning av sikker uttaksrate (safe withdrawal rate). Likevel kan det at du har penger tilgjengelig fra du fyller 62 år forsvare en høyere sikker uttaksrate enn du ellers burde regnet med. Dersom du har spart mye på pensjonskontoer, og regner med en OK pensjon fra staten, kan du regne på at dine oppsparte investeringer bare skal holde til du fyller 62 år. Er du 37, skal pengene kun holde i 25 år, som betyr at en sikker uttaksrate på 4% bør være mer enn sikkert.

Hva er egentlig en god investering?

Vi tenker ofte på en god investering som en som har gitt god avkastning. F.eks. hvis du kjøper en aksje for 100 kr og den dobler seg innen et par år, så er det en god investering.Men er det nødvendigvis det? Hvis du i discgolf kaster disken langt utenfor fairwayen, men tilfeldigvis treffer et tre og disken havner perfekt, midt i fairwayen, er det da et godt kast, eller er det et dårlig kast, men der flaks fører til et bra utfall?Man kan gjøre dårlige valg og likevel få et bra utfall. Du kan kjøpe en ekstremt dyr aksje, og likevel tjene masse penger fordi en "bigger fool" kjøper aksjen enda dyrere. Du kan også gjøre et godt valg, kjøpe en aksje som var billig, men der uflaks gjør at aksjen (eller selskapet, for den saks skyld) ikke presterer. Du kan ikke kjenne til enhver variabel, og fremtidig markedsutvikling for et selskap du investerer i. Enkeltaksjer innebærer en stor grad av flaks, spesielt på kort sikt, men også på lengre sikt.Så kan man snakke om en "god investering" selv om utfallet er dårlig, og en "dårlig investering" selv om utfallet blir gull & grønne skoger? Jeg vet ikke, men det er verdt å filosofere over.Mer om å skille mellom avgjørelser og utfall i denne Google talken med verdensmester i poker, Annie Duke. Hun har også vært gjest på flere podcaster, blant annet Nicolai Tangens In Good Company.

Lag en skriftlig investeringsplan!

Har du en skriftlig investeringsplan? Eller en plan i det hele tatt? De fleste investorer har ingen plan! Ihvertfall ikke in skriftlig en. Det kan virke som en enkel formalitet, men en godt utformet skriftlig plan gir deg et klart kart å følge, uansett hvilke utfordringer eller fristelser markedet kaster mot deg. Investering handler ikke bare om å velge de riktige aksjene eller fondene; men vel så mye om disiplin, langsiktighet, og det å ha en strategi du kan holde fast ved, selv når det stormer.

Markeder er uforutsigbare, og som investor vil du oppleve både oppturer og nedturer. Uten en plan er det lett å bli påvirket av frykt eller grådighet, og ta irrasjonelle beslutninger som kan skade porteføljen din på lang sikt. En skriftlig investeringsplan fungerer som en kontrakt med deg selv — et sett med regler som hjelper deg å holde kursen, uansett hva som skjer i markedet.

Hva bør planen inneholde?

- **Portefølje:** Beskriv hvor mye du skal allokere til hvilke aksjer og fond i ulike scenarier.
- **Investeringsstrategi:** Velg en strategi som passer til din risikotoleranse og mål. Dette kan være buy and hold, trend following, verdiinvestering, eller en kombinasjon. Beskriv hvordan du vil gjennomføre strategien i praksis, inkludert kriteriene for kjøp og salg av investeringer.
- **Rebalansering:** Markeder beveger seg, og det vil også verdiene i porteføljen din. Bestem på forhånd når og hvordan du vil rebalansere porteføljen din tilbake til den opprinnelige allokeringen, eller om du eventuelt vil la være å rebalansere, og la vinnerne løpe. Dette kan være basert på tid (f.eks. årlig) eller når en

aktivaklasse har beveget seg med en viss prosentandel fra målet sitt.
- **Skatt og kostnader:** Skatt og kostnader kan spise opp en betydelig del av avkastningen din. Sørg for at planen din tar hensyn til skatteoptimalisering og minimere kostnader som forvaltningshonorarer og transaksjonsgebyrer.
- **Exit-strategi:** For hver investering, bør du ha en klar plan for når og hvordan du vil selge (hvis du i det hele tatt vil selge). Dette kan være basert på en bestemt pris, en viss prosentandel av gevinst eller tap, eller når en investering ikke lenger passer inn i strategien din. Et eksempel kan være å sjekke enkeltaksjer én gang i året, og selge hvis P/E er over 30 (eller eventuelt negativ inntjening).
- **Adferdsregler:** Inkluder retningslinjer for hvordan du vil håndtere markedssvingninger, medieoppslag, og råd fra andre. For eksempel, hvis markedet faller kraftig, hva vil du gjøre? Planlegg på forhånd hvordan du vil håndtere dine egne følelser og beslutninger i slike situasjoner.

Å endre på planen

Det viktigste med en skriftlig investeringsplan er å holde seg til den, spesielt når det er fristende å gjøre noe annet. Markedet vil alltid by på usikkerhet, men en veldefinert plan vil gi deg ro og klarhet. Husk at en god plan ikke betyr at du alltid treffer toppen eller bunnen, men den sørger for at du holder deg på rett kurs over tid.

Selv om du bør holde deg til planen, er den ikke et statisk dokument, men kan revideres og justeres etter hvert som livet, kunnskap og erfaring endrer seg. Du vil kanskje få ny kunnskap, som gjør at du endrer investeringsfilosofien. Kanskje sist markedsuro gjorde at du pissa for mye i buksa, og ikke fikk sove om natta. I så fall kan det være smart å ta ned risikoen. Vær forsiktig med å gjøre endringer i planen midt i markedsuro. Det er som regel bedre å gjøre endringene når uroen har lagt seg.

Alternative levemåter

Bo i båt

Å bo i båt kan være en smart strategi for å oppnå økt økonomisk uavhengighet. Du finner mange seilbåter til 50 - 100.000 kroner på finn.no, en pris som ikke en gang holder til en kvadratmeter bolig i Oslo. Men om du ønsker å bo i Oslo, kan du leie plass i byens dyreste strøk, selveste Aker Brygge, og menge deg med finanseliten for bare noen tusenlapper i måneden. Billigere er det å bo på holmer og skjær i sommermånedene. Du kan ligge på samme plass i opp til to døgn.

Med et hjem som kan flyttes etter vær og humør, kan du velge å våkne opp til forskjellige utsikter hver dag, enten det er en stille fjord, en livlig havn, eller en bortgjemt vik. Denne fleksibiliteten gjør at du kan tilpasse deg etter årstidene, værforholdene, eller bare din egen eventyrlyst, og du slipper å booke overnatting når du reiser til nye plasser.

Det sosiale aspektet ved å bo i båt er også unikt. Du blir en del av et fellesskap som deler en felles interesse for sjøen og båtlivet, noe som kan føre til varige vennskap og nettverk.

Du slipper store utgifter til eiendomsskatt, kommunale avgifter og høye strømregninger hvis du installerer solcellepanel. Septiktanken kan du tømme 300 meter fra land, unntatt i Oslofjorden. For internett-tilgang fungerer mobilt bredbånd stort sett greit, og du får ubegrenset med data for snaut 400 kroner i måneden. Som regel settes farta ned etter at 100 GB er brukt, men selv 3 mbit/s fungerer greit til det meste, inkludert strømming (med litt "lag" en gang i blant).

Hvis du liker både fisk og fiske, kan det være en grei og gratis måte å skaffe mat på. Du kan også benytte deg av tang og tare, som er både sunt og miljøvennlig.

En båt krever jevnlig vedlikehold, særlig når det gjelder motor, seil, og skrog. Dette er avgjørende for å sikre både sikkerheten og levetiden til båten. Men slike kostnader, og vedlikeholdsarbeid har man også en del av i tradisjonelle boliger også.

Norge er kaldt og ufyselig om vinteren, men det er mulig å legge båten i opplag (finn en billig plass utenfor de største byene) eller rett og slett seile til sydligere strøk med båten. En mulighet er også å leie på en sentral brygge (som nevnt ovenfor) og leie ut på Airbnb, hvis havna tillater slikt. Jeg har sett flere seilbåter til utleie på Airbnb, og det ser ut til å være ganske så innbringende.

Det er mulig å bli folkeregistrert på båten sin hvis du ligger ved samme havn i minst 6 måneder i året: "Personer som tar sin døgnhvile i båter fortøyd på kommunalt merket adressenummer ved fortøyningspunkt, regnes som bosatt der når de har til hensikt å oppholde seg der i minst seks måneder." (Norges Lover).

Bo i bil

Hvis sjølivet ikke er noe for deg, kan du vurdere å ta ordet "bobil" helt bokstavelig, og rett og slett bo i bilen hele eller halve året. Det finnes mange plasser man kan bo helt gratis i bobil. Det er lov å ferdes på private veier i utmark (udyrket område), og du kan ikke stå på samme sted mer enn to døgn. Ikke overnatt nærmere enn 150 meter fra nærmeste bebodde hus eller hytte. Du kan finne mange nydelige plasser å overnatte rundt og i landet. Noen kommuner har regulering av overnatting på offentlige steder, for eksempel har Oslo kommune "I offentlige parker, grøntarealer, friområder, på veier eller plasser i tettbebygd strøk er overnatting, camping, telting eller lignende forbudt, uten særskilt tillatelse fra kommunal myndighet.". Det kan tolkes i mange retninger, men husk at du ikke trenger ikke lese loven som fanden leser bibelen.

Biler har mange utgifter, inkludert dyr forsikring, men dette kan du regne hjem når bilen er ditt hjem. En liten ulempe i forhold til båt, er at du må komme til tømmestasjon for å tømme septik. Alle kommuner skal ha en slik tømmestasjon.

Vær nøye med vedlikehold av bilen, og ta årlig fukttest for å oppdage eventuelle fuktskader tidlig. Det kan bli dyrt hvis det baller på seg. Sørg for grundig utredning og reparasjon når testen viser tegn til fuktskader.

Når du bor i bobil, vil du oppleve en nærhet til naturen som er vanskelig å få på andre måter. Du kan våkne opp med utsikt til fjorder, fjell, og skoger, og du kan raskt flytte deg til nye steder uten å være bundet til en bestemt lokasjon. Norge har utrolig mange vakre og avsidesliggende steder hvor du kan parkere og nyte roen.

Det er også viktig å være oppmerksom på strømforbruket ditt når du bor i en bobil. De fleste bobiler har batterier som lades opp når du kjører, men det kan være smart å investere i solcellepaneler for å sikre at du alltid har nok strøm, spesielt hvis du planlegger å stå parkert på samme sted i flere dager.

43

Solcellepaneler gir deg muligheten til å være mer selvforsynt og mindre avhengig av eksterne strømtilkoblinger.

Geoarbitrasje

Tjen dollar (eller kroner) og bruk pesos! Istedenfor å snø inne i Norge, kan du reise til sydligere strøk og bo på Airbnb til samme eller billigere pris enn du betaler i langtidsleie i Norge. I Sør-Amerika eller Asia kan du bo behagelig for 5000 kroner i måneden i store byer, enten gjennom Airbnb eller lokal korttidsutleie. I Sør-Europa må du legge på noen tusenlapper, men du slipper da en lang og dyr flyreise til andre sida av verden. Hvis flyturen koster 6000 kroner hver vei, og du blir værende i 6 måneder, blir det 2000 mer i månedlig kostnad.

Sammenlign levekostnader på forskjellige steder på numbeo.com.

Vi har vært inne på mini-retirements før. En annen mulighet er å gå all-in og flytte til et annet land. Det medfører nødvendigvis noe kamp mot lokalt byråkrati. Man kan klage på det trege norske byråkratiet, men du slutter å klage hvis du har vært utsatt for søreuropeisk eller søramerikansk byråkrati. Det er mye verre og tregere enn det norske. EU gjør likevel migrasjon en del enklere. Dessverre har han i Senterpartiet gjort det vanskelig å flytte når man har spart opp litt kapital. Nå skal skatten forfalle etter 12 år hvis man ikke flytter tilbake. Du kan flytte tilbake etter 11 år. Men for alt vi vet, kan det landet du reiser til også ha (eller innføre) en exit-skatt, for eksempel har Spania en exit-skatt for de som har bodd der i 10 av de siste 15 årene. Landet man bor i kan også plutselig innføre nye regler som kommer som julenissen på kjerringa.

Den digitale tidsalderen har gjort det mulig for mange å jobbe fra hvor som helst i verden. Du kan for eksempel prøve å forhandle med sjefen om å fortsette remote i jobben din, og har du gjort en god jobb, kan det være de lar deg fortsette med norsk lønn også i utlandet. Alternativt kan du søke etter en remote jobb på weworkremotely.com eller remoteok.com. Du kan også frilanse med norske kunder fra utlandet.

Vær klar over at du kan miste trygderettigheter i Norge hvis du oppholder deg utenlands over lengre tid, eller jobber i utlandet. Fjernjobbing er en juridisk blindsone: Statens regler kom lenge før digitale nomader var en ting, men forvent at staten leser loven som fanden leser bibelen.

Sport og trening

Vel så viktig som å spare og investere penger, er å investere i egen helse. I dette kapittelet får du tips til aktiviteter som er rimelige og sunne. Du bør velge en eller flere aktiviteter som du trives med, heller enn å være ekstremt opptatt av riktig balanse mellom styrke, kondisjon og så videre. Den beste treningen er det du får gjennomført. Du bør ikke trene for hardt. At Jakob Ingebrigtsen løper fortere enn deg på 3000 meter, betyr ikke at han er sunnere enn deg. Det han driver med er usunt, men enda verre er det med folk som er 50, 60 og 70 år, og fortsatt gamper gjennom maratonløp. På samme måte som en medisin har en optimal dose, har også trening en optimal dose, som gir best helsemessig effekt. Og den dosen som gir best helsemessig effekt, er ikke den samme dosen som gir deg best tid på 3000 meter!

Du trenger ikke ha det vondt når du trener, men det kan være smart å legge inn noen økter med litt høyere intensitet. Vi skal her ta for oss aktiviteter som kan være morsomme, og relativt rimelige. Prøv ut mange aktiviteter for å se hva du kan like.

Diskgolf/frisbeegolf

Diskgolf har de senere årene blitt en veldig populær idrett i Norge. Det popper stadig opp nye baner, og disse er helt gratis å spille på. Spillet går enkelt og greit ut på å kaste en disk/frisbee fra et utkaststed/tee til en kurv på så få kast som mulig. Spillet er langt mer interessant enn vanlig ball-golf, både fordi banene er mer varierte, men også fordi diskene kan styres i forskjellige retninger, og du kan velge hvilken kurs du vil ta rundt trær og andre hindringer. For å starte, trenger du kun én enkelt disk. Start med en putter, som kan kjøpes for rundt 150 kroner i butikken, eller billigere på Finn.no. Prøv først å kaste disken på et åpent område uten folk. Prøv å kaste langt. Prøv så "approach", kaste inn til et bestemt merke du setter opp. Så kan du fortsette med å prøve deg på en ikke altfor vanskelig bane. Bor du i Oslo-området, er nybegynnerbanen på Holmenkollen et bra sted å starte. Du finner en utfyllende oversikt over norske baner på UDisc.

Parkour

Parkour er en dynamisk og utfordrende treningsform som går ut på å bevege seg effektivt gjennom ulike miljøer ved å løpe, hoppe, klatre og rulle. Du skal overvinne hindringer på en kreativ og smidig måte, og det krever ingen kostbart utstyr. Parkour kan utøves enten i urbane områder med trapper og rekkverk eller i naturen blant trær og steiner. Men ta det rolig starten: Før du starter å forhindre mer vågale hindre, bør du prøve helt enkle øvelser uten risiko: For eksempel er en viktig ferdighet i parkour å kontrollere distanse når du hopper fra sted til sted. Dette kan du øve ved å sette et bestemt merke på bakken som du prøver å hoppe til, la oss kalle dette en base. Etterhvert kan du sette flere slike baser, og prøve å "basehoppe" oppover en bakke i skogen. Du har bare lov å touche basene som er markert. En annen øvelse, som ikke innebærer så mye risiko, er vegg-løp, "wall run", der du prøver å løpe oppover på en vertikal vegg. Bruk youtube for å lære teknikker, og prøv dem ut i praksis. Bruk gjerne mobilkamera til å filme deg selv (eller få en treningskamerat til å filme deg) og justere i forhold til hvordan topp-traceurene (traceur = utøver av parkour) utfører øvelsen. Parkour utfordrer både fysisk styrke og mental fokus, samtidig som det gir en følelse av frihet og mestring når man lærer å navigere og tilpasse seg omgivelsene på en helt ny måte.

Kampsport

Kampsport er ikke blant de aller billigste idrettene. Det koster litt å joine en dojo og delta på timer med en trener, naturlig nok. Det finnes likevel noen alternativer hvis man vil gjøre ting enda billigere. Det finnes en del gratis timer på nettet, og hvis man trener hjemme eller ute i naturen, gjerne med folk med ulik erfaringsnivå, kan treningen bli svært billig. Et eksempel på en online kampsportskole av topp kvalitet, er Gracie University, for brasiliansk jiu-jitsu. Denne kampsporten, som er kjent for sin effektivitet i selvforsvar, kan praktiseres både som en seriøs kampsport og som en mental utfordring, da den ofte sammenlignes med et tredimensjonalt sjakkspill. Dette gjør brasiliansk jiu-jitsu til en både spennende og utfordrende aktivitet som kan læres og praktiseres rimelig, uansett hvor man befinner seg.

Klatring

Syns du tradisjonell styrketrening på et treningsstudio er kjedelig? Da bør du prøve klatring. Mens en vanlig styrketreningsøkt på gymmen ofte fokuserer på isolerte muskelgrupper og repeterende, kjedelige bevegelser, krever klatring at hele kroppen samarbeider i dynamiske og funksjonelle bevegelser. I tillegg til å utvikle fysisk styrke, utfordrer klatring også balansen, koordinasjonen, og problemløsningsevnen din, siden hver rute på veggen krever at du tenker strategisk på hvordan du skal plassere hender og føtter for å komme videre. Du starter med de enkleste rutene, og jobber deg sakte, men sikkert videre. Abonnement på klatrehaller koster en del, men det finnes enkelte gratis alternativer utendørs, som for eksempel buldring i Østmarka.

Utholdenhet

Kondisjonstrening er nesten gratis! Med mindre du er opptatt av å oppnå best mulig tid på Styrkeprøven eller Birken, kan du kjøpe en grei sykkel, gjerne en brukt grei sykkel, for noen få tusenlapper. Joggesko kan du kjøpe for noen få hundrelapper, kjøp dem gjerne i sydligere (og billigere) strøk. Når jeg er på reise, bruker jeg gjerne de samme skoene både til å gå på og løpe på. En bonus med å gå med raske sko, er at du da kan løpe vekk fra truende folk på gata i en nødsituasjon. Kondisjonstrening kan også brukes til å utforske nye steder. Istedenfor å kjøpe en rekke billetter til kollektivtransport, kan du heller gå, jogge, ro, padle eller sykle rundt stedene du reiser til. Storbyer blir du mye bedre kjent med ved å gå en lang tur enn å stå som sild i tønne på T-banen.

Miks av aktiviteter

Det vanligste er å trene én aktivitet av gangen, "nå skal vi på løpetur", "nå tar vi en styrkeøkt", etc. Men mange aktiviteter fungerer svært bra å mikse sammen. Det gjør også at treningen blir mer actionfylt og variert. Du kan for eksempel gå på en "løpetur" i skogen, men samtidig stoppe og svømme. Hvis det er kaldt i lufta, bør dette legges til slutten av turen, men er det varmt, er det bare behagelig å få seg en nedkjøling og løpe videre med våte klær. Videre kan du stoppe og gjøre forskjellige aktiviteter på turen:

- Pull-ups i trær på passe høyde
- Pushups
- Parkour, som for eksempel "basehopping" opp en motbakke
- Sprinting (men varm opp og gjør dynamisk tøying før du løper med maks hastighet)
- Løfting av tunge steiner

- Steinkasting, ála kulestøt
- Squads og andre styrkeøvelser som ikke krever utstyr (utenom de nevnte steinene)
- Balanseøvelser
- Spark og slag fra karate, taekwondo etc.
- Klatring på lave høyder

I vannet:

- Dykking, gjerne etter bestemt objekt
- Trene på livredning (om dere er flere)
- Stuping - gjerne med salto, men start på lavere høyder

Selvforsvar

Når man tenker på selvforsvarstrening, vil nok mange tenke på typiske kampsporter, som karate og jiu-jitsu, men den kanskje mest effektive av dem alle er løping, nærmere bestemt sprinting. Hvis du kan løpe bort fra en situasjon, slipper du både å bli skadet og eventuelle juridiske konsekvenser av å være i en kampsituasjon. En forlengelse av sprinting, er parkour, som kan brukes til å ta seg over vegger og andre hindre for å flykte fra en truende person. Hvilken type selvforsvar som fungerer, varierer etter situasjonen, for eksempel er det ikke alltid mulig å løpe fra noen. Brasiliansk jiu-jitsu er en god selvforsvarsteknikk, som fungerer bra i kamp mot én person, men dårligere hvis du blir truet av flere personer. Derfor er det smart å øve på et bredt spekter av selvforsvarsteknikker: Sprint, parkour, brasiliansk jiu-jitsu, krav maga og karate (eller andre "slag og spark"-kampsporter).

Prosjekter

Når du sitter i arbeidslivet, kanskje til og med **sitter fast** i arbeidslivet, kan det være greit å jobbe for en bedre fremtid. Det kan du for eksempel gjøre ved å utforske sideprosjekter, som du kan gjøre alene eller sammen med andre. Når du har oppnådd økonomisk uavhengighet, er ikke disse lengre sideprosjekter, men prosjekter som du kan gjøre dagen lang, uten en sjef som setter dagsorden for deg.

Her skal vi ta for oss noen prosjekter du kan jobbe med:

Skriv en bok

Skriv en bok om ting du kan mye om. Du trenger ikke være en ekspert på temaet - ofte er det enklere å forklare ting når du nettopp har lært dem selv. En professor som har forsket på et tema i 30 år, har svært dårlige forutsetninger for å undervise ferske studenter i et tema. Det er mye enklere å forklare ting som du ikke er ekspert på. Da kommer du deg enklere ned på nivå med noen som er helt ferske, og husker fortsatt hvordan det var å lære tingen selv.

Er du kreativ og liker å lage historier, kan skjønnlitteratur være en smart sjanger å satse på. Liker du å reise, kan du skrive reiseguider til steder du har vært. Selg bøkene på Amazon Kindle. Der har du null oppstartskostander, enten du gir ut e-bok eller papirversjon. Lag cover til boka i Canva.

Når boka er gitt ut, gir den nærmest 100% passiv inntekt. Dersom den selger, da. Parato-prinsippet gjelder også på bøker: 20% av bøkene du skriver, gir 80% av omsetningen, så er det bare å skrive til krampa tar deg: Gir du ut en bok som ikke slår an, prøv på nytt! Noen bøker er tidløse, mens andre bør oppdateres med ny, relevant info, og data bør oppdateres. Utenom dette, trengs omtrent null oppdatering og du har fått en passiv inntektskilde, akkurat som en aksje.

Hold kurs

I likhet med å skrive en bok, trenger du ikke være ekspert på et tema for å lage et kurs, på nett eller i den virkelige verden. Det viktigste er at du kan presentere stoffet på en enkel og forståelig måte, og at du har nok innsikt til å gi kursdeltakerne verdi. Mange foretrekker å lære praktiske ferdigheter fra folk som har gått gjennom prosessen nylig og husker hvilke utfordringer de sto overfor som nybegynnere.

Enten du er dyktig innenfor programmering, matlaging, kreativ skriving, eller personlig økonomi, kan du lage kurs om det. Du kan til og med slå to fluer i en smekk: Mens du skriver en skjønnliterær bok, kan du ta opp video av skrivingen, hva du tenker, hvilke litterære virkemidler du bruker og så videre. Læringsplattformer som Udemy, Teachable, og Skillshare gjør det mulig for deg å lage og selge kurs uten behov for teknisk ekspertise. Mange av disse plattformene har innebygde verktøy for å lage profesjonelle videoer, følge opp kursdeltakere, og markedsføre kurset ditt.

Et nettbasert kurs gir passiv inntekt, akkurat som bøker. Men markedet for nettkurs har blitt overopphetet de senere årene, og det kan være smart å tilby noe ekstra, som for eksempel kohorter, der man kan melde seg på og være med i et fellesskap som lærer pensum sammen. Så kan du veilede kohorten. Det er en fin miks av passiv og aktiv inntekt.

Arranger aktiviteter

Tilby aktiviteter gjennom Airbnb Experiences eller Meetup.com. Eksempler på arrangementer:

- Guidet tur i ditt område
- En kulinarisk opplevelse med lokale råvarer, gjerne inkludert kurs i hvordan lage maten
- Foto-session
- Action Adventure, med havpadling, terrengsykling, 4-hjuling etc.
- Fisketur: Hele veien fra sjø til munn
- Kurs i en aktivitet, for eksempel "Lær grunnleggende Brasiliansk Jiu-Jitsu".

Korttidsutleie

Airbnb har revolusjonert korttidsutleie. Nå er det mulig for Ola og Kari å ta jobben som før var forbeholdt hoteller og utleiebyråer. Du kan ta saken i egne hender, og tilby turister en uforglemmelig ferie. Korttidsutleie på Airbnb er langt mer fleksibelt enn langtidsleie. Du velger selv hvilke perioder du vil leie ut, og så kan du bruke leiligheten den resterende tiden. Det gir som regel langt bedre inntjening enn langtidsutleie.

I loven er korttidsutleie definert som utleie under 30 dager. De første 10.000 kronene i året du tjener fra slik utleie, er skattefritt. Deretter er 85% av inntekten du får over 10.000 skattbar. For eksempel hvis du tjener 30.000 kroner på Airbnb, vil (30.000 - 10.000) * 0,85 = 17.000 kroner være skattbart. Du betaler 22% skatt på dette, altså en skatt på 17.000 * 0,22 = 3740.

Når du leier ut 30 dager eller mer, regnes det som langtidsutleie, som gjør at den vanlige regelen om skattefritt utleie i primærbolig gjelder: Dersom du leier ut areal som er har lavere utleieverdi enn det du selv bor i, vil utleien være skattefri.

Det er visse begrensninger på utleie av leiligheter: I sameier er det som standard tillatt å leie ut 90 dager i året, men det kan fravikes i vedtektene og settes ned til mellom 60 og 120 dager. Borettslagsleiligheter kan kun leies ut i 30 dager i året.

Gjør småjobber

Du kan gjøre småjobber i private hjem skattefritt for inntil 6000 kroner per oppdragsgiver. En forutsetning er at du ikke driver næringsvirksomhet i samme bransje. Eksempler på slike småjobber:

- Snømåking
- Gressklipping
- Lufting og mating av husdyr, for eksempel mens eieren er på ferie
- Reperasjoner
- Planting og hagestell
- Leksehjelp/undervisning
- Barnepass
- Maling
- Snekring
- Reparasjoner
- Matlaging og servering

Driv en nettbutikk

Start eller kjøp en nettbutikk innenfor et område du er interessert i. Er du en golf-fan, kan du starte en nettbutikk som selger golfkøller, bagger og annet golfutstyr. Liker du fiske, vurdér å starte en nettbutikk innen (jakt og) fiske. En nettbutikk har lave oppstartskostnader, og du kan til og med teste interessen før du har kjøpt en eneste vare: Annonser produktet på nettet og se om folk er interesserte før du faktisk kjøper inn produktet. Hvis flere er interesserte, bestiller du varene. Dette kalles pre-salg, og vi skal se nærmere på det senere.

For å drive nettbutikken bør du bruke en e-handelsplattform. Det finnes mange løsninger som er enkle å bruke, som Shopify, Wix, eller norske Mystore. Disse plattformene tilbyr alt du trenger for å komme i gang, fra maler og design til betalingsløsninger og lagerstyring. Du trenger ikke tekniske ferdigheter for å bruke dem, og de gjør det enkelt å administrere butikken din.

Markedsføring er en stor del av jobben ved å drive nettbutikk. Lag innhold til sosiale medier, eller betal influensere for å markedsføre nettbutikken, mot en liten del av omsetningen (bruk for eksempel rabattkoder). Kundesørvis er også svært viktig: Sørg for rask responstid og gode, utfyllende svar når kundene henvender seg.

Presalg: Selg før du bygger

Presalg er ikke et eget prosjekt, men bør være en fellesnevner for alle prosjektene dine: Prøv, så langt det er mulig, å selge før du bygger. De fleste gründer-prosjekter starter på helt feil sted: En gründer har kommet på en smart idé, og bruker masse tid og ressurser på å utvikle denne ideen, med liten eller ingen validering av at folk faktisk trenger produktet. Istedenfor å kaste bort ekstremt mye tid på noe folk ikke vil ha, selg heller produktet før du utvikler det. Det er nemlig én ting som er en forutsetning for å tjene penger: At du faktisk får solgt produktet. Å utvikle et produkt er også langt lettere dersom du allerede har kjøpere: Du vet at noen venter på produktet, og får dermed en langt større motivasjon til utvikling. Du kan også snakke med kundene om hva de faktisk ønsker seg før og underveis i utviklingen. Kundene vil også hjelpe med testing underveis.

55

En annen fordel er finansiering: Pengene du får inn fra forhåndssalg, kan brukes til å dekke kostnader for utviklingen av produktet, eller til å gjøre det enda bedre. Men da må du være sikker på at du faktisk klarer å fullføre utviklingen.

Enkelte produkter er vanskelige å pre-selge uten å være etablert som en ekspert på området. En strategi som ofte fungerer er å bygge en følgerskare eller et nettverk som stoler på deg som leverandør. Dette kan gjøres gjennom blogginnlegg, sosiale medier, nyhetsbrev, eller videoer hvor du deler av din kunnskap og erfaring. Du kan også dele innhold fra informasjonsproduktet før det gis ut, som kan gi deg hjelp under utviklingen, samtidig som det kan gjøre folk interesserte i å lese mer, og anbefale produktet til andre. Når du først har gitt ut et bra produkt, vil folk lettere stole på at du leverer igjen, for eksempel var det lett for Tim Ferriss å selge "The 4-hour Body" etter at "The 4-hour Work Week" ble en megasuksess.

Når du har etablert en lojal gruppe følgere, vil det bli lettere å selge et produkt før det er ferdigutviklet, fordi kundene har tillit til at du vil levere noe av verdi. Dette kan fungere spesielt godt for digitale produkter som kurs, coaching-programmer, eller medlemskap.

Hvordan preselge et produkt

1. **Lag en prototype eller konseptskisse**: Dette trenger ikke være noe ferdig produkt. Det kan være et utkast, en demo, eller en beskrivelse av hva du planlegger å lage. Målet er å gi kundene en idé om hva de kan forvente.
2. **Bygg en landingsside**: På denne siden forklarer du produktet, fordelene det gir, og hvordan det vil løse kundens problemer. Her kan du også tilby muligheten

til å forhåndsbestille produktet, eventuelt med en rabatt eller annen type belønning for tidlig støtte.
3. **Samle e-poster og byg en liste**: Selv om noen kanskje ikke kjøper produktet med en gang, kan du bruke dette stadiet til å samle e-poster fra interesserte potensielle kunder. Dette gir deg en base å markedsføre til når produktet er ferdig.
4. **Bruk tilbakemelding aktivt**: Hvis folk viser interesse, kan du også få verdifulle tilbakemeldinger som gjør at du kan justere produktet i riktig retning før den endelige versjonen lanseres.

Eksempler på presalg-strategier

- **Crowdfunding-plattformer**: Nettsteder som Kickstarter og Indiegogo gir deg muligheten til å presentere ideen din og samle inn penger før du produserer. Dette fungerer godt for fysiske produkter og prosjekter med en tydelig slutt.
- **VIP-forhåndstilgang**: Tilby kundene dine eksklusiv tilgang til en tidlig versjon av produktet eller en begrenset mengde, slik at de føler at de er en del av noe unikt.

Ved å ta i bruk presalg-teknikker, kan du redusere risikoen betraktelig, sikre deg en inntektsstrøm før produktet er ferdigutviklet, og forbedre produktet i henhold til kundenes behov.

Jobb når du vil

Felles for flere av de nevnte prosjektene, er at du kan jobbe når du vil. Du trenger ikke å tilpasse deg til det vanlige kjøret som samfunnet har. I samfunnet skal du helst stå opp klokka 7 og jobbe fra 8 til 16, eller til nød fra 9 til 17. Dersom du, for eksempel, har søvnproblemer, og ikke klarer å sovne før klokka 4 om natta, vil ikke samfunnet ha deg. Da får du 3 timers søvn, som er svært skadelig for helsa i det lange løp. Da må du enten prestere dårlig på jobb og få dårlig helse, eller bli sykemeldt. Samfunnet er til for A-mennesker som jobber bra fra 8 til 16. Som økonomisk uavhengig kan du drite i samfunnet, og jobbe når du ønsker. Du får sikret 8 timers søvn hver natt, og trenger ikke våkne til en alarm.

En annen stor fordel er at du kan velge hvilke dager du vil jobbe på. Du trenger ikke jobbe mandag til fredag, men kan jobbe de dagene det er dårlig vær, eller ikke noe bedre å gjøre. Hvis det har vært regn og drittvær i to uker, og så kommer det endelig sol og finvær på en mandag, så kan du ta fri! Er det drittvær på en lørdag, og du ikke har annet å gjøre, kan du jobbe. Ta fri når det er fint vær, og jobb når det ikke er bedre ting å gjøre.

Bli en FI-gründer?

Vi skal nå snakke mer om entreprenørskap. Den vanlige måten å starte selskaper på er å gå til investorer og spør etter penger, gjerne masse penger. Dette gjør at investorene sitter igjen med aksjer i selskapet. Da jobber du ikke (bare) for deg selv, men også for et styre med avkastningskrav. Dersom du ikke går i pluss, har du også en "runway", som er startup-språket for hvor lang tid selskapet kan holde seg gående før det går tom for penger. Gode nyheter: Hvis du er økonomisk uavhengig, er runway'en uendelig. Du trenger ikke gå til investorer og tigge om penger for å starte et selskap, men kan starte det utelukkende med egen arbeidskraft.

Selvsagt finnes det enkelte selskaper som krever en del kapital for å starte, men mange kan startes med nesten ingenting. For eksempel, hvis du skal utvikle en app kan du gjøre det nesten utelukkende med egen arbeidskraft. I tillegg har du kapital selv til å gå inn med noen titusener om du skulle trenge det. Hovedprinsippet bør likevel være å ikke gå inn med kapital før du har solgt produktet, som beskrevet tidligere.

Du kan gå sammen med andre økonomisk uavhengige, og drive på egne premisser. Da kan dere fokusere på andre ting enn bare profitt, som for eksempel

- Frihet til å velge arbeidstider. Dere kan tillate at folk starter på jobb når de har sovet ut, istedenfor å måtte starte før klokka 9.
- Frihet til å velge hvor mye man vil jobbe. Dere kan tillate at folk tar mini-retirement hvert år.
- Velg dine egne kolleger: Du finner folk du matcher med, folk du liker å jobbe med. I FIRE-bevegelsen

tenker mange utenfor boksen, og deler ofte de samme verdiene.

Som "FIRE-selskap" kan man sette fred og frihet først, og profitt deretter. *Fred* innebærer at man ikke trenger å jages fra oppgave til oppgave av en blodtørstig leder, som er dritredd for at "burnraten" er for høy og at "runwayen" snart tar slutt. Med *frihet* menes at man kan velge selv hvordan man vil leve livet, uten å bli styrt av et utenforstående styre.

Vi skal nå se på et eksempel på et FIRE-selskap.

Eksempel: SaaS for tannleger – Et digitalt system for praksisstyring

SaaS står for "Software as a Service", "Programvare som tjeneste", der brukeren betaler et abonnement (ofte månedlig) for tilgang til tjenesten.

Bakgrunn: Fire personer som har oppnådd økonomisk uavhengighet bestemmer seg for å starte en SaaS rettet mot tannleger. De har erfaringer som utfyller hverandre:

- **Mona** er tidligere tannlege med erfaring fra klinikkdrift. Hun fungerer som produktleder og kjenner godt til de daglige behovene og utfordringene tannleger står overfor.
- **Lars** er grafisk designer med bakgrunn i brukeropplevelse (UX) og design av digitale plattformer.
- **Ola** er programmerer med erfaring fra utvikling av webapplikasjoner.
- **Eva** har jobbet med salg og digital markedsføring, med spesialisering innen helsesektoren.

Trinn 1: Identifisere forretningsideen

Mona har observert mange ineffektive administrative prosesser i tannlegepraksiser, spesielt relatert til pasientadministrasjon, journalføring, og tidsplanlegging. De fleste systemene på markedet er utdaterte eller vanskelige å bruke. Gruppen bestemmer seg for å lage et brukervennlig, skybasert SaaS-verktøy som gjør det enklere for tannleger å administrere sine klinikker – alt fra pasientdata og timebestillinger til fakturering og oppfølging. Etter at hun oppnådde økonomisk uavhengighet, har Mona fortsatt å jobbe en dag i uka som tannlege, og kan dermed "klø på sin egen kløe" (høres det bedre ut på engelsk, "scratching your own itch"?) ved å teste det nye systemet i sin daglige praksis etterhvert som det utvikles.

Løsning: Løsningen deres er en plattform som gjør at tannleger kan logge inn fra hvor som helst for å administrere praksisen sin. Det inkluderer:

- Pasientjournaler
- Kalender og timebestillinger
- Påminnelser for pasienter
- Fakturering og økonomisk oversikt
- Analyseverktøy for klinikkens drift

Trinn 2: Validering og pre-salg

I stedet for å bruke måneder på å utvikle produktet uten å vite om det er etterspørsel, starter gruppen med pre-salg. Mona bruker sitt nettverk innen tannlegebransjen til å kontakte klinikker og tannleger for å finne ut hvilke behov de har, og om de ville vært villige til å kjøpe produktet for 6 måneder, og få en 10% rabatt for alltid. De vil også være med i betatesting av produktet.

Salget validerer ideen før gruppen investerer mye tid i utviklingen, og de får tilbakemeldinger som hjelper med å forme produktets funksjonalitet tidlig i prosessen. I tillegg gir dette dem trygghet om at det faktisk finnes kunder som vil bruke plattformen.

PS: Du bør *helst* faktisk selge produktet, for eksempel for en 6 måneders periode, men om ikke salg, bør du ihvertfall få noen til å teste det.

Trinn 3: Utvikling av produktet

- **Ola** tar ansvar for programmeringen og bygger en skalerbar webapplikasjon. Han setter opp en bombesikker database for pasientinformasjon og integrerer funksjoner som kalender, fakturering, og påminnelser.
- **Lars** designer et intuitivt grensesnitt som er enkelt å bruke for tannleger som kanskje ikke er teknisk kyndige. Fokus er på enkel navigasjon, minimalisme og effektivitet.
- **Eva** jobber parallelt med markedsføringsstrategien, setter opp nettsider og begynner å utvikle en digital kampanje rettet mot tannleger. Hun bruker innhold som forklarer hvordan SaaS-løsningen kan spare tid og forbedre tannlegepraksisens drift, og pre-selger til så mange tannlegekontor som mulig. Hun bruker inntekter fra pre-salg til å kjøpe annonser hos Google og Meta.

I og med at ingen av dem trenger lønn på dette tidspunktet, kan de ta seg tid til å utvikle en solid grunnversjon av produktet før de går bredere ut på markedet.

Trinn 4: Lansering og skalering

Når SaaS-løsningen er klar, tilbyr de den som en abonnementsbasert tjeneste. De starter med enkel funksjonalitet og relativt rimelige abonnementsmodeller for å tiltrekke seg de første kundene. De bruker tilbakemeldinger fra de første tannlegene til å forbedre produktet. Etter hvert legger de til flere funksjoner, som integrasjon med regnskapssystemer og muligheten for tannleger å sende automatiske påminnelser til pasientene.

Siden gruppen er økonomisk uavhengige, kan de være tålmodige med vekst og utvide i et tempo som passer dem. De kan også velge om de vil holde bedriften liten og personlig, eller satse på stor vekst, uten press fra investorer.

Varianter av FIRE

Lean FIRE

Lean FIRE handler, som er FIRE-formen jeg selv har fulgt, handler om å oppnå økonomisk uavhengighet ved å leve på et minimalt budsjett. I Norge, hvor levekostnadene kan være høye, innebærer dette å gjøre bevisste valg for å redusere utgifter. Dette kan bety å bo i en mindre bolig, kutte ned på luksusforbruk, og kanskje unngå å eie bil i byer med godt kollektivtilbud. Norge har et relativt godt sikkerhetsnett, som gjør det mulig å leve sparsommelig, men samtidig ha tilgang til velferdstjenester som helsevesen og utdanning.

Eksempel: En person som lever på 200 000 kroner i året (alternativt en familie som lever på 500 000 kroner i året) og har spart opp 5 millioner kroner, noe som kan dekke utgiftene i 25 år med en 4 % uttaksrate. Dette kan være mulig ved å bo utenfor storbyene, handle smart og unngå unødvendige utgifter.

Eksempel 2: En person som lever på 150 000 kroner i året, ved å bo på seilbåt i Norge i sommerhalvåret, og reise til India/Argentina/Mexico/Taiwan i vinterhalvåret. Oppholder du deg over seks måneder i året i Norge, og avstår fra å jobbe i utlandet, beholder du som regel trygderettigheter i Norge, men er også skattepliktig til Norge. Pass på at du ikke blir skattepliktig til landet du reiser til. Som regel blir du ikke skattepliktig så lenge du ikke disponerer fast bolig, men reiser rundt på Airbnb eller lignende. Som regel bør du kjøpe en reiseforsikring, for eksempel Safety Wings nomadeforsikring.

Fat FIRE

Fat FIRE, eller "feite-FIRE" innebærer at man ønsker å opprettholde en høy levestandard. Dette krever betydelige investeringer for å dekke høye levekostnader. Fordi Norge har høye skatter og levekostnader, vil det å oppnå "fat FIRE" kreve en betydelig sparerate og høy inntekt. For eksempel kan dette innebære å eie flere eiendommer, ha høy utdanning og lønn, samt utnytte skattefordeler på investeringer.

Eksempel: En person som ønsker å bruke 800 000 kroner (inkludert skatt) i året etter pensjonering, vil trenge en portefølje på 20 millioner kroner. Dette kan kreve en høyinntektsjobb, eventuelt å starte et eget selskap og investere gjennom fritaksmodellen, som tidligere beskrevet.

Barista FIRE

Barista FIRE er en hybridmodell der man oppnår økonomisk uavhengighet, men velger å jobbe deltid eller i en lavstress-jobb, som for eksempel på en kafé eller pøbb, for å dekke noen av sine daglige utgifter. Dette gjør det mulig å pensjonere seg tidligere med en mindre portefølje, samtidig som man opprettholder en viss arbeidsinntekt for å dekke de løpende utgiftene.

Eksempel: En person som har spart opp nok til å dekke 60 % av årlige utgifter med investeringsporteføljen, og jobber deltid for å dekke resten.

Barista FIRE kan være en smart løsning i Norge, siden skattene her er veldig progressive: Man betaler svært lav skatt på lav inntekt, samtidig som man tjener opp pensjon og andre sosiale rettigheter. En variant av barista FIRE kan være å drive med mange mindre "side hustles", der man får en mindre inntekt på hver.

Coast FIRE

Coast FIRE er en strategi der man sparer intensivt tidlig i livet, slik at man når et punkt hvor investeringsporteføljen kan vokse av seg selv uten ytterligere bidrag. Etter dette punktet kan man redusere inntekten og jobbe mindre, fordi man ikke trenger å spare mer aktivt for pensjon – porteføljen vil vokse nok til å dekke utgiftene ved pensjonering.

Eksempel: En person som sparer intensivt i 10-15 år, og deretter lar investeringsporteføljen vokse av seg selv, mens de jobber deltid eller i en lavstress-jobb som dekker utgiftene.

Slow FIRE

Ved "Slow FIRE" oppnår du økonomisk uavhengighet i et roligere tempo, uten å gjøre ekstreme livsstilsendringer. Her kan man spare og investere over en lengre periode, uten å nødvendigvis redusere forbruket dramatisk. Målet er fortsatt å oppnå FIRE, men uten den intensiteten som ofte forbindes med de andre variantene.

Eksempel: En person som sparer 15-20 % av inntekten over flere tiår, med et mål om å pensjonere seg i 50-årene i stedet for 30- eller 40-årene.

Halvpensjon

Det som kan kalles "Semi FIRE" kanskje ikke en egen type FIRE, men heller den tilstanden å være delvis pensjonert. Hvis du har en jobb du trives godt i, kan det være smart å prøve å forhandle seg til deltidsjobb istedenfor å si opp jobben. Det kan bli en stor overgang hvis du plutselig pensjonerer deg fullstendig, og en løsning kan da være å jobbe deltid, og se hvordan det går. Etterhvert vil du kanskje finne egne prosjekter du ønsker å gjøre som pensjonist, og du kan da vurdere å si opp hele jobben. En variant av halvpensjon, er også å jobbe bare en del av året. Du kan prøve å forhandle frem en avtale om et lengre mini-retirement hvert år, men dette er antakeligvis vanskeligere å få til enn å bare jobbe deltid.

Halvpensjon kan passe spesielt godt dersom du driver med frilansing. Da kan du jobbe mer i perioder der du har flere kunder, og mindre i perioder med få kunder. Du kan ta høyere pris når du ikke trenger å jobbe så mye: Hvis ingen vil betale 2000 kroner timen, tar du bare ferie isteden.

Det norske skatte- og pensjonssystemet passer bra for halvpensjon. Har du en høylønnsjobb, der du ved fulltid vil tjene 1 mill i året, vil du ved å jobbe halv stilling, tjene mer enn halv lønn etter skatt. Tar man pensjon og andre sosiale opptjeninger med i beregningen, blir den økte netto timelønna betydelig:

- Du får pensjonsopptjening i folketrygden for inntekt opp til 7,1 G (ca 881k)
- Du får opptjening av de fleste andre sosiale rettigheter (sykelønn, uføretrygd, dagpenger etc) opp til 6G (ca 744k)
- Marginal skatt på lønn øker fra 33,8% til 43,4% etter 670k.

Samfunnet og Etikk

Når du oppnår økonomisk uavhengighet, vil de fleste i samfunnet fortsatte med det samme som før: Gå på en jobb de hater for å tjene penger de bruker på å kjøpe ting de ikke trenger, for å imponere folk de ikke liker. La oss først se på noe av hatet mot FI(RE), og hvordan argumentene er syltynne:

"Hva hvis alle gjør det?"

Eller hva hvis alle vil være arbeidstakere og ingen tar risikoen og stresset det innebærer å være gründere? Eller hva hvis alle vil være gründere med hver sin startup, og ingen vil jobbe for andre? Eller hva hvis alle vil være rørleggere? Poenget er at ikke alle vil jobbe for FI. Ikke alle klarer å utsette forbruk - mange ønsker å bruke pengene med en gang de tjener dem. Dersom alle plutselig hadde begynt å spare 75% av inntekten, og sluttet å jobbe om 10 år, ville det blitt et problem. Dersom det skjer, vil avkastning på investeringer antakeligvis gå ned, mens lønninger går opp, og noen vil gå tilbake å jobbe. Men det er helt usannsynlig at det skjer. Dessuten slutter ikke tidlig-pensjonister å jobbe. De bare jobber på en friere, og ofte mer produktiv måte enn de som sitter i arbeidslivet.

"Hva jobber du med?"

Folk er ekstremt opptatt av hva andre jobber med. Det er gjerne noe av det første folk lurer på når de møter noen. Hvis du har prosjekter du jobber på, kan du si at du jobber på det, som for eksempel "Jeg skriver en bok", eller "Jeg utvikler et nettkurs". Dette kan fort gi en del oppfølgingsspørsmål, men et alternativ er å si at du er kapitalforvalter, og du kan selvsagt ikke si kundens navn.

Er økonomisk uavhengighet etisk?

Ja, men det kommer an på. Dersom man pensjonerer seg for å ligge på stranda i 50 år, kan det virke noe etisk problematisk, spesielt ifølge norsk arbeidsetikk, der "de som kan skal jobbe". Men det å tvinge noen til å jobbe i en ulidelig jobb, er heller ikke særlig etisk. Det er ikke uetisk å slutte i en jobb som skader deg. Hele poenget med at folk jobber, må være at verden blir bedre av det, men verden blir ikke bedre når folk jobber i et ulidelig arbeidsliv. Med økonomisk uavhengighet får du muligheten til å jobbe på egne premisser. Bruk muligheten til å skape verdier for andre, gjerne verdier som vanskelig kan skapes av de som sitter fast i arbeidslivet.

Verdiskapning er et produkt av arbeidskraft og kapital. Det kreves både arbeidskraft og, i litt mindre grad, kapital, for å produsere varer og tjenester. Ved å spare penger, gjør du noe svært samfunnsnyttig: Du øker kapitalen i samfunnet, jo mer vi sparer, jo mer akkumulert kapital. Og jo mer akkumulert kapital i et samfunn, jo større velstand blir det. Du ønsker ikke å bo i et fattig land, der man lever i stråhytter og driter på gata. Men Norge hadde vært som det dersom ingen hadde spart. Sparing er helt nødvendig for velstand. Hvis du har spart 5 millioner og investert i aksjer, gir det ca 300.000 kroner i forventet avkastning. De pengene fortjener du, fordi du har spart. Det er like mye verdt som å sitte i arbeidslivet og tjene 300.000 på den måten. Du har bidratt like mye til verdiskapning som de som sitter i arbeidslivet og gnur.

www.ingramcontent.com/pod-product-compliance
Lightning Source LLC
Chambersburg PA
CBHW070410230526
45471CB00006B/2738